JN057405

Why not?
ガチトレ

会話がはずむ
英語スピーキング
トレーニング

藤井拓哉
Takuya Fujii

ベレ出版

はじめに

　こんにちは！　藤井です。この度は、本書を手に取っていただきありがとうございます。ガチトレシリーズ第3弾の今回は

英語での雑談力を鍛える本

となっております！　ガチトレシリーズ1冊目『ガチトレ 英語スピーキング徹底トレーニング』と2冊目『超ガチトレ 英語スピーキング上達トレーニング』では、英語の文法や単語を徹底的に練習しました。これらのトレーニングを行えば、会話に必要な英語の知識を十分身につけることができるでしょう。しかし、それでも「英語が上手く話せない」「英語での会話が続かない」という方は多くいます。それはなぜか？　おそらくそれは、

「英語での考え方」や「英語での会話を進めるテクニック」を知らないから

だと思います。例えば「How are you? と尋ねられた際、I'm fine. Thank you. と答えはするが、そこで会話が終わってしまう。話を続けたいのだが、その後、何を話したらよいのかわからなくなる」という経験をされた方は少なくないでしょう。その理由は、

「文法力や語彙力が足りないから」ではなく「How are you? と聞かれた際、どう返答していいかわからないから」

だと私は考えています（基本的に How are you? と聞かれたら、機械的に I'm fine. Thank you. と答えるのではなく、I'm great. や I'm tired. など、今の気持ちを答え、その理由を説明します。そして、相手の調子を尋ねるなどして会話が広がっていきます）。

このように、英語で話す際は「英語での考え方」や「会話を進める テクニック」というものが存在します。しかし、このような考え方や テクニックは、学校ではあまり教わらず、参考書でもあまり紹介され ていません。また、英語指導者の中には「文法や単語を知っていれば 必要最低限のコミュニケーションは取ることができるのだから、なん でそんな考え方やテクニックを学ぶ必要があるの？」とおっしゃる方 もいます。しかし、私から言わせると

Why not?（なぜ英語での考え方やテクニックを 学ぶ必要がないの？）です！

英語での考え方や英語での会話を進めるテクニックを知っていれば、 より会話を楽しむことができます。自分の言いたいことを相手にしっ かり伝え、時にジョークを言い、一緒に笑うことができる。そんなこ とができたら最高だと思いませんか？　私は最高だと思います。ちな みに、私はそのような喜びを何回も経験することで、自分の英語力に 自信を持つことができました。また、さらなる喜びを求めて英語学習 をもっと真剣に取り組むようになり、英語学習が本当に楽しいものと なりました。みなさんにも、ぜひその喜びを経験してもらいたい！ そして「英語の勉強って楽しい！」と実感していただきたい！

　本書が、そのきっかけとなってくれることを切に願っています。

　　　　　　　　　　　　　　　　　　　　　　　　　　藤井拓哉

Why not? ガチトレ　会話がはずむ英語スピーキングトレーニング

目次

トレーニングについて

　トレーニングは基本的に「挨拶」「同意・反対」「理想・後悔」などシーン毎に分かれており、最初の２ページに「考え方」や「テクニック」が紹介されています。

　そして、紹介の後に「会話（２人のやり取り）」形式の練習問題が３セット。本の中盤から「会話（２人のやり取り）」形式の練習２セット、「コメント（１人による説明）」形式の練習問題が１セット用意されています。

会話形式の問題：例　　　　　　　　コメント形式の問題：例

練習で登場する日本語文は「英語を引き出すための日本語」を採用しているため、不自然な表現も多く含まれています。そのため、ここで登場する日本語文は、あくまで「状況を想像してもらうための日本語」として捉えてください。例えば、以下の会話文。

（例）　A：レストランのリストを送ってくれてありがとう。
　　　　　→ Thank you for sending me the list of the restaurants.
　　　　B：あなたならいつでも歓迎だよ。
　　　　　→ You are always welcome.

日本語では「ありがとう」の返しに「あなたならいつでも歓迎だよ」という表現はあまり使われないでしょう。しかし、英語で You are always welcome. という表現はよく使われます。そのため、ここでは「あなたならいつでも歓迎だよ」と表記されています。また、

（例）　僕たちは仕事の後にいくらか飲みに行く予定なんだ。来ない？
　　　→ We're going to have some drinks after work. Do you want to come?

こちらで登場する「いくらか」は、日本語ではぎこちなく聞こえるでしょう。しかし、英語ではこの some を入れるのが自然です。このように英語での表現を練習してもらうために、あえて「ぎこちない日本語」が登場していますので注意してください。

　そして、練習音声は、

日本語（状況を想像し、英語を言い始める）
→ ポーズ（この間に英語を言い終える）
→ 英語（答えを聞く）

となっています。日本語を聞いて瞬時に英語に言い換える瞬発力を鍛えるため、同時通訳のように日本語が流れている時から英語に変えていくのがポイントです！また

日本語を一字一句英語に翻訳しようとするのではなく、日本語はあくまで状況を理解するためのものとして捉えること

も重要です。練習は、後半になりますと文章も長くなり、かなり複雑になります。例えば、以下の練習問題。

（例）　彼は勉強するための時間がそんなにないのですが、
　　　　彼は彼の学校で一番賢い生徒のうちの一人です。
　　　→ He doesn't have much time to study,
　　　　but he's one of the smartest students in his school.

これだけ長い日本語文を聞いて、一字一句覚え、さらにそれを英語にしていくのは至難の業です。そのため、ここでは

　　「彼」「勉強の時間がない」「けど学校で一番賢い生徒の1人」

程度に日本語を捉え、日本語が聞こえたらすぐに英語にしていくのがポイントとなります（音声が速すぎると感じる場合は、音声を遅くし、遅すぎる場合は、音声を速くするなどし、自分で負荷を調整して練習するのも大事です）。この作業は、何回も繰り返せば、自然とできるようになると思います。

　そして「発音強化」や「よく使われるフレーズの暗記」のために

英語 →　ポーズ（この間に英語をリピートする）

という音声も用意してあります。こちらも、ぜひご利用ください！

ダウンロード音声について

　本書に収録してあります例文の音声をダウンロードして聴くことができます。

1. 英訳トレーニング用音声…日本文→ポーズ→英文（ポーズのあいだに英訳）
2. リピーティングトレーニング用音声…英文→リピーティングポーズ

［音声ダウンロードサービス］

　音声のダウンロードについては、ベレ出版ホームページ（beret.co.jp）の『Why not? ガチトレ　会話がはずむ英語スピーキングトレーニング』詳細ページ（ベレ出版ホームページ内でタイトル検索、もしくは beret.co.jp/books/detail/768 を入力）に解説してあります。

ベレ出版音声ダウンロード／ audiobook.jp（無料アプリ）共通

　　ダウンロード（シリアル）コード　　WXhp8DoJ

挨拶

「挨拶」はコミュニケーションの基本中の基本。日本語でも同じですが、しっかりした挨拶は相手に好印象を与えることが多いため、相手の目をしっかり見て（アイコンタクト）、自信のある、はっきりした挨拶を心掛けていきましょう。

1 挨拶した時点から会話はスタート

How are you? と聞かれると、反射的に I'm fine. と答える日本人はとても多いです。そのため「ゴホゴホ咳をしている人が I'm fine. と答える」といった不思議な状況をたまに目にします（笑）。基本的に How are you? と聞かれたら、I don't feel well.（体調が悪いんだ）や I'm tired.（疲れているんだ）など、その時点から会話はスタートなので覚えておきましょう。

2 基本的な形は「気分を表す一言＋説明 or 質問」

基本的に How are you? と聞かれたら、まず「自分の気分を表す一言」を言います。**会話では短縮形を使うのが基本**（速すぎてそう聞こえるだけかも……）。そのため I'm good.（良いよ）や I'm busy.（忙しいんだ）といった表現となります（I'm も省略して good / busy だけで答える場合も多いです）。ただし、丁寧な表現では I am と省略形を使わないこともあります。

そして、気分を表す一言の後は「なぜそのような気分なのか？」「だから何をしたいのか？」などを because/so といった接続詞を付けて説明したり、相手への返しの質問をしたりします。

よく使われる挨拶＆返しに使われるフレーズ

	フレーズ	意味
1	How are you? / How's it going? / How are you doing?	元気？/調子はどう？
2	What's going on? / What's up?	どんな感じ？ / どうしている？
3	How was 〜?	〜はどうだった？
4	What happened (to 〜)?	(〜に) 何があったの？

　私の経験上、会話を続けるのが苦手な方の多くは「相手の質問に対して、一言答えて終了」なので、一言の後に「具体的な話をする」「最後に相手に質問する」といったこともしていきましょう。例えば「週末どうだった？」と聞かれたら「よかった」で終わるのではなく「何が良かったのか？」を具体的に説明したり、自分が話し終える前には相手に質問（How about you? でも OK！）をしたりするのが大切です。

（例）

A：How was your weekend?（週末どうだった？）

B：It was great. <u>We went to see a movie. How was your weekend?</u>
　　（素晴らしかったよ。映画を見に行ったんだ。あなたの週末は？）

3 " 主語＋動詞（＋ that）＋文 " の形を上手に使おう

"I think（+ that）+ 文 " や "I hope（+ that）＋文 " のように「接続詞の that」を上手に使って挨拶以外の情報も伝えましょう（that は省略されることが多いですが、丁寧な表現の場合は that も使われます）。

（例）

I hope I can go home soon.（早く家に帰れることを望みます）

I don't think I'll have time today.（今日は時間があるとは思えないな）

練習1 次の **会話** を英語にしていきましょう。

① 今朝の調子はどう？

眠たいよ。昨晩はよく寝られなかったんだ。

② 疲れているように見えるよ。何があったの？

昨日家に帰れなかったんだ。今日は早く帰れることを望むよ。

③ 調子はどう？

良いよ。素晴らしい週末を過ごせたんだ。そっちは？

④ どんな感じ？

特に何も。ただ疲れているだけ。

⑤ おかえり。映画はどうだった？

退屈だったよ。あの映画を見るのはオススメしないよ。

⑥ (あなたの) 週末はどうだった？

素晴らしかったよ。私たちは東京ディズニーランドに行ってきたんだ。

⑦ おはよう。調子はどう？

忙しいよ。3 つの会議がこの午後ある予定だからね。

⑧ [1] 腕どうしたの？　その包帯は何のため？

バスケをしていた時に (私の腕を) 折ったんだよ。

⑨ 再び会えて嬉しいよ。どうしてた？

元気だったよ。そっちは？

⑩ テストはどうだった？　上手くできた？

そうとは思わないかな。合格したとは思わないよ。

1. 体の一部について話す際、「誰の体の一部なのか限定されている」場合は、基本的に「所有格 (my / your / his など) + 体の一部」の形になる。

How are you this morning?

I'm sleepy. I couldn't sleep well last night.

You look tired. What happened?

I couldn't go home yesterday. I hope I can go home early today.

How are you? (How's it going? / How are you doing?)

I'm good. I had a great weekend. How about you?

What's going on? (What's up?)

Nothing much. I'm just tired.

Welcome back. How was the movie?

It was boring. I don't recommend watching that movie.

How was your weekend?

It was great. We went to Tokyo Disney Land.

Good morning. How are you? (How's it going? / How are you doing?)

I'm busy. I'll have three meetings this afternoon.

What happened to your arm? What is that bandage for?

I broke my arm when I was playing basketball.

It's good to see you again. How have you been?

I've been good. How about you?

How was the test? Did you do well?

I don't think so. I don't think I passed it.

練習2 次の **会話** を英語にしていきましょう。

① 何が起きているの？

　ケンがいないんだ。電話にも出ないんだ。

　彼はどこに住んでいるの？　彼は電車で仕事に来るの？

　そうだと思うよ。

② 今日学校はどうだった？

　良かったよ。数学のテストで A を取ったんだ。

　本当？見たいな。

　オーケー。取ってくるね。

③ 調子はどう？

　空腹だよ。今朝、朝食を食べる時間がなかったんだ。

　クッキーを持っているよ。何枚か欲しい？

　うん。ありがとう。

④ 先週のパーティーは楽しんだ？

　うん。素晴らしかったよ！　なぜ来なかったの？

　宿題をしなくちゃいけなかったから。とても長かったんだ。

　なるほど。次回は来られることを望むよ。

⑤ （あなたの）週末はどうだった？

　悪かったよ。病気だったから、どこにも行けなくて。

　それは大変だったね。具合は良くなったの？

　うん。かなり良くなったよ。

2. He's not answering 〜 . と進行形にすることで「今、電話に答えていない（今、そのこ
とが起きている）」ということをはっきり表すことができる。

What's going on?

Ken's not here. [2]He's not answering the phone, either.

Where does he live? Does he come to work by train?

I think so.

How was school today?

It was good. I got an A on my math test.

Really? I want to see it.

OK. I'll go get it.

How are you? (How's it going? / How are you doing?)

I'm hungry. I didn't have time to eat breakfast this morning.

I have cookies. Do you want some?

Yes. Thank you.

Did you enjoy the party last week?

Yes. It was great! Why didn't you come?

Because I had to do my homework. It was very long.

I see. I hope you'll be able to come next time.

How was your weekend?

It was bad. I was sick, so I couldn't go anywhere.

[3]That's too bad. Do you feel better?

Yes. I feel much better.

▌ 3. that は「あれ」と訳されることが多いが、「それ」という意味もある。it との違いは、that
　　 は「文脈全体」を指すのに対し it は「特定の何か」の場合が多い。   15

① 調子はどう？

いいよ。そっちは？

悪くないよ。あなたのサッカーのチームはどう？

僕たちはよくやっているよ。前回の日曜日に試合があって、僕たちは勝ったんだ。

② 昨晩のバスケの練習はどうだった？

長かったよ。とても疲れた。何かスポーツはするの？

いいや。スポーツをするのが面白いとは思えなくて。

本当に？　何かスポーツに挑戦してみたことはある？

③ やあ、あなたを探していたんだよ。

何が起きたの？

私のライティングをチェックしてもらいたいんだ、私たちのクライアントに送る前に。

オーケー。見てみるよ。

④ 疲れているように見えるよ。

疲れているよ。今ちょうど買い物から帰ってきたところ。

どこに行ったの？

駅の近くのショッピングモールに行って来たんだ。

⑤ 今時間ある？　私たちは話す必要があるんだけど。

何なの？　悪いニュースでないことを望むよ。

心配しないで、違うから。私たちの新しいプロジェクトについてだよ。

オーケー。私たちは何か決める必要があるとか？

4. AM を強調することで「あなたの言う通り、疲れているよ」といったニュアンスを表すことができる。

How are you? (How's it going? / How are you doing?)

I'm good. How about you?

Not bad. How is your soccer team?

We're doing well. We had a game last Sunday, and we won.

How was the basketball practice last night?

It was long. I was very tired. Do you play any sports?

No. I don't think playing sports is fun.

Really? Have you tried any sports?

Hey, I was looking for you.

What happened?

I want you to check my writing before I send it to our client.

OK. I'll take a look.

You look tired.

I [4]AM tired. I just came back from shopping.

Where did you go?

I went to the shopping mall near the station.

Do you have time now? We need to talk.

What is it? I hope it's not bad news.

Don't worry, it's not. It's about our new project.

OK. Do we need to decide something?

Scene 02 あいづち・短い返事

　見落とされがちですが、会話の中で「あいづち」や同意などを表す「短い返事」をしっかり使えるようになるのはとても重要です。なぜなら、こちらの気持ちや反応などを簡単に相手に伝えることができるからです。聞き上手な方は、ただ Yes. / OK. と言って頷くのではなく様々な「あいづち」「短い返事」を使いこなし「話に関心があるように同意する」「言いにくいことをやんわり伝える」といったことを上手に行っている印象があります。

1 「表情」や「抑揚」をつける

　日本語でも同じですが「表情」を加え、抑揚をつけて話すことで、同じ単語やフレーズでも様々なことを表すことができます。例えば、OK という単語は以下のように使い分けることができます。

(1) 普通の言い方 = 了承

（例）

That is your seat. → OK. Thanks.

（あれがあなたの席だよ。→ オーケー。ありがとう）

(2) 困った表情で弱く、ゆっくり = 困惑

（例）

You need to work tomorrow. → O…K… May I ask why?

（あなたは明日働く必要があります。→ は…い…。なぜでしょうか）

(3) 険しい表情で強く、はっきり = 怒り

（例）

You can't play video games today. → OK! I got it!

（今日ゲームはダメです。→ はい！わかったよ！）

18

2 よく使われる単語・フレーズ

	単語・フレーズ	意味
1	I see.	なるほど
2	OK / Yeah / [1]Uh-huh All right (Alright) / (I) got it.	はい / わかったよ
3	Good / Nice / (That) [2]sounds good.	良いね
4	That's right.	確かに /（そう）だよね（同意）
5	Exactly / Absolutely	その通り！/ （そう）だよね！（強い同意）
6	Really? / You're kidding. / Are you serious? / No way. / You [3]gotta be kidding me.	本当に？/ 冗談でしょ / 本気で？/ ありえない / 冗談に違いない
7	[4]I guess. / Maybe.	まあね / おそらくね /たぶんね
8	That's OK. / No problem.	大丈夫だよ / 問題ないよ

1. Uh-huh の発音は「アハー（ン）」
2. Sounds good. は「納得」「了解」という意味としても使われる。
3. gotta は、got to の短縮形で have to / must と似た意味で使われる。
4. 言い方次第で「嫌々の同意」「そうみたい」といった意味も表せる。

3 同じあいづちはなるべく使わない

　同じあいづちばかり使っていると、相手は「自分の話に興味がないのかな？」と思ってしまいます。そのため、似た意味の違ったあいづちを使うように心がけましょう。

練習1 次の **会話** を英語にしていきましょう。

① ジョンは、試験に合格できなかったんだ。

冗談でしょ。何が問題だったの？

② 今日は助けてくれてありがとう。

問題ないよ。いつでも。

③ 私は彼を病院で見たよ。

オー… ケー… それは変だね。

④ セーラは彼女の仕事を辞めて、カナダに帰ったんだ。

あなたは本気なの？ 先週、彼女を見たよ。

⑤ もし、あなたがあのパソコンを使いたくないのなら、私が使ってもいい？

そう……なるね。だけど、壊さないでよ。

⑥ なぜ私たちはクリスマスに働かないといけないの？

そうだよね！馬鹿げているよ。

⑦ 前回の月曜日は休みを取ったんだ。息子が病気だったから。

なるほど。彼は今どうなの？

⑧ この機械は壊れているんだけど、私は直せないんだ。

大丈夫。僕がやっておくよ。

⑨ 私はあなたに何回宿題をしなさいと言わないといけないの？

わかった、わかったよ。

⑩ ジェニファーを覚えている？彼女はオーストラリアで医者として働いているよ。

ありえない。本当に？

1. 家族について話す際、「誰の家族か限定されている」場合は、基本的に「所有格＋家族の誰か（son / daughter など）」の形になる。

John couldn't pass the exam.

You're kidding. What was the problem?

Thank you for helping me today.

No problem. Anytime.

I saw him at the hospital.

O…K… That's strange.

Sarah quit her job and went back to Canada.

Are you serious? I saw her last week.

If you don't want to use that computer, can I use it?

I guess… But don't break it.

Why do we have to work on Christmas?

Exactly! It's ridiculous.

I took a day off last Monday because [1] my son was sick.

I see. How is he now?

This machine is broken, but I can't fix it.

That's OK. I'll take care of it.

How many times do I have to tell you to do [2] your homework?

Got it. Got it.

Do you remember Jennifer? She is working as a doctor in Australia.

No way. Really?

2. 宿題について話す際、「誰の宿題か限定されている」場合は、基本的に「所有格＋homework」
　 の形になる。

練習2 次の **会話** を英語にしていきましょう。

① 僕は駅に行くのにバスを捕まえる必要があるんだ。

何時にあなたのアパートを出発する予定？

6時半ぐらいに出発する予定だね。

いいね。駅で会いましょう。

② ごめんなさい。今晩パーティーには行けないんだ。

え？　なんでダメなの？

まだ宿題が終わっていないんだ。

なるほど。それは、残念だ。

③ アダムは東京で家を買ったの？

ありえない。高すぎるよ。誰がそんなこと言ったの？

わからない。ただの噂だね。

聞くこと全てを信じないほうがいいよ。

④ あなたの助けが必要なんだ。

オーケー。どうしたの？

日本語でメールを書く必要があって。私のライティングをチェックしてくれる？

問題無いよ。どこにあるの？

⑤ 僕は新しいパソコンを先週買ったんだ。

あなたは何を買ったって？

新しいパソコン。セールだったから。

本気で？　いくらだったの？

I need to catch a bus to go to the station.

What time will you leave your apartment?

I'll leave around 6:30.

Sounds good. (Good. / Nice.) See you at the station.

I'm sorry. I can't go to the party tonight.

What? Why not?

I haven't finished my homework yet.

I see. That's too bad.

Did Adam buy a house in Tokyo?

No way. It's too expensive. Who said that?

I don't know. It's just a rumor.

You shouldn't believe everything you hear.

I need your help.

OK. What's up?

I need to write an email in Japanese. Can you check my writing?

No problem. Where is it?

I bought a new computer last week.

You bought what?

A new computer. It was on sale.

Are you serious? How much was it?

練習3 次の **会話** を英語にしていきましょう。

① タケルは来週東京にいる予定なんだ。

　本当？　それは、いいね。

　僕たちは新宿で昼食を取る予定だよ。来ない？

　いいね。私も入れて。

② 私はこれを今日終わらせる必要が本当にあるの？

　その通り。何で？

　それが問題になりそうで。午後に会議が2つあるから。

　なるほど。あなたの上司に尋ねてみるべきだね。

③ 僕の妹は入試で合格しなかったんだ。

　あなたは私に冗談を言っているに違いない。

　本気だよ。おそらく他の生徒たちのほうが賢かったんだね。

　ありえない。彼女は私たちの学校で一番賢い生徒の一人だったんだよ。

④ 私たちはこれを来週までに終わらせないといけないんだ。

　冗談でしょ？　私たちにはあと10日しかないんだよ。

　わかるよ。だけど、私たちに選択肢はないんだよ。

　いいでしょう。私たちは最初に何をするの？

⑤ 何をあなたは私のパソコンにしたの？　動かないよ。

　何も。私はただ使っていただけだよ。私のせいじゃない。

　あなたが最後に使ったんだよ！　今あなたが直さないといけないの！

　わかった。わかった。落ち着いて。

Takeru will be in Tokyo next week.

Really? That's good. (That's nice.)

We'll have (grab) lunch in Shinjyuku. Do you want to come?

Sounds good. (Good. / Nice.) Count me in.

Do I really need to finish this today?

Exactly. Why?

It'll be a problem because I have two meetings this afternoon.

I see. You should ask your boss.

My sister didn't pass the entrance exam.

You gotta be kidding me.

I'm serious. I guess (Maybe) other students were smarter.

No way. She was one of the smartest students in our school.

We have to (must) finish this by next week.

Are you kidding? We only have 10 more days.

I know, but we don't have a choice.

Fine. What do we do first?

What did you do to my computer? It doesn't work.

Nothing. I was just using it. It's not my fault.

You used it last! You have to (must) fix it now!

Got it. Got it. Calm down.

感謝

「感謝の言葉＝ Thank you. お礼を言われた際の返し＝ You are welcome.」は基本なのですが、ワンランク上を目指すのであれば、他の表現も学んでおく必要があります。

1 よく使われる感謝の意を表すフレーズ

	フレーズ	意味
1	Thank you. / Thanks.	ありがとう（Thanks. はカジュアル）
2	*Thank you for ～ . / Thank you for ～ ing.	～ありがとう / ～してくれてありがとう
3	I appreciate it. / *I appreciate ～ .	感謝します / ～を感謝します
4	Thanks a lot. / Thank you so much.	本当にありがとう （言い方によって皮肉にもなる）
5	I can't thank you enough.	感謝しきれません
6	I am (very) thankful for 〇〇.	〇〇に（大変）感謝しています （フォーマルな言い方）

■ * （例）Thank you for your help. / I appreciate your help. （助けてくれてありがとう）

2 基本的に「感謝」は笑顔で。お辞儀は△

日本語では、申し訳なさそうにお礼を言う場合がありますが、英語では「笑顔」でお礼を言う場合が多いです。また、あまりお辞儀はしません。頭を下げるのではなく「眉毛をあげる」「軽くアゴを上げる」というジェスチャーがよく使われます。

3 よく使われる Thank you. の返し

	単語・フレーズ	意味
1	You're welcome. You're very welcome. You're always welcome.	どういたしまして あなたなら大歓迎です あなたなら、いつでも歓迎です
2	No problem.	問題ないよ（カジュアル）
3	Don't mention it.	かまわないよ
4	[1]My pleasure.	私の喜びです
5	Anytime.	いつでも
6	[2]You bet.	いいってことよ（カジュアル）

1. It is / It was my pleasure. の形でも使われる。
2. 直訳は「あなたは賭けることができる」＝「その通り」となる。

4 基本的に相手の「感謝」は否定しない

　日本語では感謝をされた際「いえいえ、とんでもないです」と否定の表現がよく使われますが、英語では Thank you. と言われた際に No. No. と否定するケースはあまり多くないです。Don't mention it. という表現もありますが、感謝されたら You're welcome. など相手の言っていることを受け止めるというスタンスのほうが無難でしょう。

5 Thank you. の返しのフレーズは 2 回続けることもある

お礼の返しのフレーズは、2 回入れることもあります。
（例）
A：Thank you for the ride.（（車に）乗せてくれてありがとう）
B：No problem. Anytime.（問題ないよ。いつでも）

練習1 次の **会話** を英語にしていきましょう。

① プレゼント、本当にありがとうございます。

　どういたしまして。

② あなたのサポートに感謝します。

　あなたなら、いつでも歓迎です。

③ パーティーに来てくれてありがとうございます。

　私の喜びです。本当に楽しかったです。

④ 私は、あなたの助けなしではこれを終わらせることはできませんでした。感謝します。

　どういたしまして。

⑤ （車に）乗せてくれてありがとう。

　いいってことよ。

⑥ このお金は私の息子を救うでしょう。私はあなたに感謝しきれません。

　そんなこと言わないで。

⑦ あなたの協力に感謝します。

　あなたなら大歓迎です。

⑧ あなたのパソコンを使わせてくれてありがとう。

　問題ないよ。いつでも。

⑨ アドバイス、ありがとう。とても助けになるものだったよ。

　問題ないよ。

⑩ あなたの援助に大変感謝しております。

　私の喜びです。

Thank you very much for the present.

You're welcome.

I appreciate your support.

You're always welcome.

Thank you for coming to the party.

My pleasure. It was really fun.

I couldn't finish this without your help. I appreciate it.

You're welcome.

Thanks for the ride.

You bet.

This money will save my son. I can't thank you enough.

Don't mention it.

I appreciate your cooperation.

You're very welcome.

Thank you for letting me use your computer.

No problem. Anytime.

Thanks for the advice. It was very helpful.

No problem.

I'm very thankful for (I really appreciate) your assistance.

My pleasure.

練習2 次の **会話** を英語にしていきましょう。

① 私たちは発表の準備が整っていると思います。

私たちが時間内にスライドを作るのを終わらせることができてよかったです。

あなたの助けに感謝します。

どういたしまして。成功することを望みます。

② ごめん。遅れて。

本当にありがとう。僕たちのバスをちょうど逃したよ。

「ごめん」って言ったじゃん。家の鍵が見つからなくて。

あなたはいつも何かをなくすよね。もっと注意するべきだよ。

③ 本当に、このパソコンをもらってもいいの？

うん。古いから、僕はもう使わないだろうから。

感謝しきれないよ。

それは、言わないでいいよ。

④ プレゼンテーションを行ってくださりありがとうございます。

私の喜びです。たくさんの人が喜んでくれて良かったです。

緊張していましたか？

全く。楽しめるものでした。

⑤ この間は、駅まで乗せてくれてありがとう。

問題ないよ。電車は捕まえられた？

うん。だけど、ホームまで走らないといけなかったよ。

なるほどね。間に合って良かったよ。

I think we are ready for the presentation.

I'm glad we could finish making the slides in time.

I appreciate your help.

You're welcome. I hope it'll be successful.

I'm sorry. I'm late.

Thanks a lot. We just missed our bus.

I said, "I'm sorry." I couldn't find the house key.

You always lose something. You should be more careful.

Can I really have this computer?

Yes. It's old, so I won't use it anymore.

I can't thank you enough.

Don't mention it.

Thank you for giving a presentation.

My pleasure. I'm glad many people liked it.

Were you nervous?

Not at all. It was enjoyable.

Thanks for the ride to the station the other day.

No problem. Could you catch the train?

Yes. But I had to run to the platform.

I see. I'm glad you could make it.

練習3 次の **会話** を英語にしていきましょう。

① 今日の調子はどう？

悪くないよ。あぁ、レストランのリストを送ってくれてありがとう。

あなたならいつでも歓迎だよ。

今週末、そのレストランのうちの1つに行くことを計画中でね。

② お腹空いた。何か食べるものは持っている？

キャンディーをいくつか持っているよ。十分ではないのはわかっているけど、それでもいくらか欲しい？

もちろん。ありがとう。

問題ないよ。

③ 夕飯は素晴らしかったです。（私を）招待してくれてありがとうございます。

どういたしまして。楽しんでくれたみたいでよかったです。

今度は私があなたを招待しますね。

期待しています。

④ あなたがこれを私に買ってくれたのが信じられない。感謝しきれないよ。

私の喜びだね。実は、これはあなたの誕生日プレゼントなんだ。

え！ 私の誕生日だって何でわかったの？

あなたのお母さんが教えてくれたんだ。

⑤ あなたのご協力に大変感謝しております。

どういたしまして。

これが私の名刺です。いつでも気軽にご連絡ください。

オーケーです。ありがとうございます。

How are you today?

Not bad. Oh, thanks for sending me the list of restaurants.

You're always welcome.

I'm planning to go to one of the restaurants this weekend.

I'm hungry. Do you have anything to eat?

I have some candy. I know it won't be enough, but do you still want some?

Sure (Of course). Thank you.

No problem.

The dinner was great! Thank you for inviting me.

You're welcome. I'm glad you enjoyed it.

I'll invite you next time.

I'm looking forward to it.

I can't believe you bought me this. I can't thank you enough.

My pleasure. It's actually your birthday present.

What? How did you know it's my birthday?

Your mother told me.

I'm very thankful for (I really appreciate) your cooperation.

You're welcome.

This is my business card. Please feel free to contact me anytime.

OK. Thank you.

謝罪

　相手に迷惑をかけてしまった際「謝罪」をするのは、相手と信頼関係を築くには必要不可欠です。しかし、日本語の「ごめんなさい」「すみません」の感覚で I'm sorry. / Excuse me. を使うと少し違和感が出てきてしまいます。

1 謝りすぎに注意

　外国の方から「日本人は謝りすぎる」という意見を度々耳にします。これは日本語の「ごめんなさい」「すみません」の感覚で I'm sorry. / Excuse me. を使っているからでしょう。基本的に英語では、日本語ほど謝罪の言葉を何度も口にしないということを覚えておきましょう。

2 謝る時は相手の目を見て

　コミュニケーションの基本であるアイコンタクト。これは謝罪をする時も同じです。日本で謝罪をする時は「頭を下げ、反省している様子を見せながら謝る」というのが多いですが、英語では相手の目をしっかり見て謝るというのが基本です。

3 謝罪の後は「改善策」など一言足す

　謝罪の後に、友だちに対してなら「今度、ご飯を奢るよ」「埋め合わせするよ」など、ビジネスの場なら「今後二度と起こらないように気を付けます」など一言足せる場合は、足すと良いでしょう。

33333

（例）

I'm sorry. I'll make it up to you.（ごめんね。埋め合わせするよ）

I apologize. I promise it won't happen again.

（申し訳ございません。再び起きないことを約束します）

4 よく使われる謝罪のフレーズ

	フレーズ	意味
1	[1]I'm sorry ([2]to / for 〜). I'm sorry ([3]about 〜).	（〜して / 〜で） ごめんなさい / すみません
2	I apologize (for 〜).	（〜を）謝罪します / 申し訳ない
3	Excuse me.	すみません（許可を求める）
4	My [4]fault.	わるいね（とてもカジュアル）

1. sorry の前に very / so / really / terribly などを足すこともできる。
2. to と for は「to 動詞の原形」「for 動名詞」と使い分けされる (to は未来のことに関して、for は過去のことに関して)。
   （例）「話を遮ってごめんなさい」という場合。
     I'm sorry to interrupt. [相手の話を遮って自分が話し始める時などに使う]
     I'm sorry for interrupting. [話を遮って話してしまった後などに使う]
3. 一般的に for の後は「具体的な理由」や「自分の非を認める」説明をする時に使われる。about の後は、that / yesterday など「大まかな理由」「自分にあまり非がない」説明をする時に使われる。
   （例）I am sorry for being late yesterday.（昨日は遅れてごめん）
     I am sorry about yesterday.（昨日はごめん）
4. fault の代わりに bad もよく使われる。また It's my fault. の形もよく使われる。

5 よく使われる返しのフレーズ

That's all right. = 大丈夫だよ。　　That's OK. = オーケーだよ。

No problem. = 問題ないよ。

35

練習1 次の **会話** を英語にしていきましょう。

① あなたは遅刻だよ。何が起きたの。

　ごめんなさい。僕の電車が時間通りに来なかったんだよ。

② 返事が遅れて申し訳ございません。昨日は、とても忙しくて。

　大丈夫です。

③ 私の教科書はどこ？

　わるいね。まだ僕が持っているんだ。

④ すみません。305 室はどこですか。

　ここを真っすぐ行くと、あなたの右手に見えるでしょう。

⑤ なぜこの機械は止まったのですか。

　私には、はっきりした説明がありません。申し訳ないです。

⑥ 先週我々の会議をキャンセルしたことを深くお詫びします。

　それは問題ではなかったのですが、理由は何だったのですか？

⑦ またお金を忘れたの？　月曜日までに必要だからね。

　わるいね。いくらだったっけ？

⑧ ごめん。私のパソコンを持ってくるのを忘れてしまって。

　謝罪する必要はないよ。私たちはこのパソコンが使えるから。

⑨ 明日あなたは、コンサートにいけないってどういう意味？

　ごめん。埋め合わせするから。

⑩ ごめん。それが二度と起きないことを約束するから。

　前回も同じこと言ったじゃん。もうあなたを信用できないよ。

You're late. What happened?

I'm sorry. My train didn't come on time.

I apologize for the late response. I was very busy yesterday.

That's all right.

Where is my textbook?

My fault. I still have it.

Excuse me. Where is Room 305?

(You) Go straight here, and you will see it on your right.

Why did this machine stop?

I don't have a clear explanation. I apologize.

I'm deeply sorry for canceling our meeting last week.

It was not a problem, but what was the reason?

Did you forget the money again? I need it by Monday.

My fault. How much was it?

I'm sorry. I forgot to bring my computer.

No need to apologize. We can use this computer.

What do you mean you can't go to the concert tomorrow?

I'm sorry. I'll make it up to you.

I'm sorry. I promise it won't happen again.

You said the same thing last time. I can't trust you anymore.

練習2 次の **会話** を英語にしていきましょう。

① あなたの報告書はどこですか？

　　まだ終わっていません。遅れを謝罪します。

　　いつ終わらせることができるのですか？

　　今日終わらせられると思います。

② 昨日あなたのメールに返信せず、申し訳ございませんでした。緊急事態がありまして。

　　何だったのですか？

　　私の車が故障してしまったため、仕事に行くことができなかったのです。

　　本当ですか？　今日はどのように仕事に来たのですか？

③ なぜ昨晩電話してくれなかったの？

　　あ、わるいね。そのことについて、すっかり忘れていたよ。

　　大丈夫だよ。いずれにせよ私は忙しかったから。

　　宿題か何かしていたの？

④ 私たちのポスターはどこ？　持ってきた？

　　いや。持って来るのを忘れて。本当にごめん。

　　本気で？　私たちはこの午後必要なんだよ。

　　わかっているよ。もう1つ作る時間は私たちにある？

⑤ ごめん。今晩映画に行けなくなっちゃって。

　　本当に？　何が起きたの？

　　宿題がまだ終わってなくて。埋め合わせするから。

　　オーケー。まぁ、幸運を祈るよ。

1. break down は、主にモーターやエンジンがついている機械（自動車など）が壊れる・故障すること。
   break = モーターやエンジンがついていない機械が動かなくなる、動かなくする。

38

Where is your report?

I haven't finished it yet. I apologize for the delay.

When will you be able to finish it?

I think I'll be able to finish it today.

I apologize for not replying to your email yesterday. I had an emergency.

What was it?

My car [1] broke down, so I couldn't go to work.

Really? How did you come to work today?

Why didn't you call me last night?

Oh, my fault. I totally forgot about that.

That's all right. I was busy anyway.

Were you doing your homework or something?

Where is our poster? Did you bring it?

No. I forgot to bring it. I'm really sorry.

Are you serious? We need it this afternoon.

I know. Do we have enough time to make another one?

I'm sorry. I can't go to the movie tonight.

Really? What happened?

I haven't finished my homework yet. I'll make it up to you.

OK. Well, good luck.

練習3 次の **会話** を英語にしていきましょう。

① 昨日は、ごめん。疲れすぎていて。

オーケーだよ。何が起きたの。

上司と言い争っちゃって。自分をコントロールできなかったんだ。

なるほど。今は大丈夫なの？

② 何か質問はございますか？

私たちは、どうやってこの製品をインターネットにつなげるのですか？

混乱をさせてしまい申し訳ございません。マニュアルの3ページ目に書いてあります。

オーケーです。ありがとうございます。

③ 邪魔してごめん。あなたの助けが必要で。

問題ないよ。何？

私たちのコピー機が壊れていると思うんだ。見てくれる？

もちろん。どこにあるの？

④ 僕たちは仕事の後にいくらか飲みに行く予定なんだ。来ない？

「うん」と言いたいんだけど、これを終わらせたらすぐに家に帰る必要があるんだ。

それは残念。

わるいね。次回かな。

⑤ 私の勘違いを深くお詫びします。

心配しないで。メールが少し混乱を招くものだったと理解していますので。

もう二度と起こらないことを約束いたします。

オーケーです。次回は気をつけて。

I'm sorry about yesterday. I was too tired.

That's OK. What happened?

I had an argument with my boss. I couldn't control myself.

I see. Are you fine now?

Do you have any questions?

How do we connect this product to the Internet?

I apologize for the confusion. It's on the third page of the manual.

OK. Thank you.

I'm sorry to bother you. I need your help.

No problem. What is it?

I think our copying machine is broken. Can you take a look?

Sure (Of course). Where is it?

We're going to have some drinks after work. Do you want to come?

I want to say "yes," but I need to go home as soon as I finish this.

That's too bad.

My fault. Maybe next time.

I'm deeply sorry about my misunderstanding.

Don't worry. I understand the email was a little confusing.

I promise it won't happen again.

OK. Be careful next time.

　英語で状況の説明を行う際、基本となるのが Wh と How の質問の内容をカバーすることです。また、これらを文の一部として使い I don't know where she lives.（彼女がどこに住んでいるのか知りません）のように使う「間接疑問文」もよく登場します。

1　Wh と How の内容をカバーするように説明しよう

（例）

I went to Hokkaido during the summer break because my grandparents live there. I went by airplane and stayed there for a week.

> 私は夏休みの間に北海道に行ってきました。なぜなら、祖父母が住んでいるからです。飛行機で行き、1週間滞在しました。

Who/What（誰 / 何）= I　　　　　　　Where（どこ）= Hokkaido

When（いつ）= the summer break　　How（どうやって）= airplane

Why（なぜ）= my grandparents live there

How long =（どれくらい長く）= a week

2　「間接疑問文」の基本の形

　基本の形は「主語＋動詞＋疑問詞＋肯定文」。疑問詞の後の文の動詞に三人称の s/es や過去形の ed などの足し忘れに注意しましょう。

（例）

I know when that happened.（いつそれが起きたか、知っています）

He doesn't remember what he ate.（彼は何を食べたか覚えていません）

Do you know *who did this?（誰がこれをしたのか知っている？）

> ❚ * "Who did this?"（誰がこれをしたの？）のような主語をたずねる疑問文を関節疑問文に入れる場合は「主語＋動詞＋疑問詞」となる）。

3 時制に注意

間接疑問文と "I know（+ that）+文"（接続詞の that）では「時制の一致」に注意が必要です。最初の「主語＋動詞」（主節）が過去形で、その後（従節）が現在の話になっていたら「過去形」、過去の話になっていたら「had 過去分詞」を使うのが基本です（ただし、「くだけた言い方」「現在も変わらない事実・習慣」「普遍的・歴史的な事実」など、時制を一致させない場合もあります）。

（例）

I think he is sick.（彼は病気だと思います）

I thought he was sick.（彼は病気だと思いました）

[基本的に I thought he is sick. にはならない]

I thought he had (he'd) been sick.（彼は病気だったと思いました）

[基本的に I thought he was sick. にはならない]

I thought he *would be fine.（彼はよくなるだろうと思いました）

[基本的に I thought he will be fine. にはならない]

■* would = will の過去形

4 よく使われる動詞

間接疑問文の主節でよく使用される動詞は know / understand / remember / find / find out などです。これらは、"I know (+that) +文" などの「接続詞の that」の文でもよく使われます。

（例）

I don't know why he's here.
（彼がなぜここにいるのかわからないよ）

Do you remember who she is?
（彼女が誰だか覚えている？）

We *should ask where they are going.
（彼らがどこに向かっているのかたずねるべきだよ）

Why not?

■*主節に助動詞が入る文もよく登場する。

練習1 次の **会話** を英語にしていきましょう。

① あなたは何のスポーツが一番好きなの？

　　サッカーが好きだね。10年より長くしているよ。

② あなたは、誰がこのプロジェクトの責任者なのか、見つけ出す必要
　　があります。

　　どうやってするべきですか？

③ どこにあなたの車を止めたか覚えている？

　　あんまり。建物からは遠かったのは覚えているよ。

④ いくつか水たまりが見えるね。今朝雨が降っていたの？

　　おそらくね。それでも、僕たちはテニスができると思う？

⑤ 彼は先週新しいパソコンを買ったと言っていたよ。

　　さらにもう1台？　どれだけお金持ちなんだ？

⑥ 彼は毎朝5キロ走るって聞いたよ。

　　本当？　どれくらいかかるんだろう？

⑦ この機械が何のためにあるのかは理解したけど、どのように動くか
　　は理解していないかな。

　　問題ないよ。どのように動くか見せるね。

⑧ 公園でたくさんの人を見たよ。何が起きているか知っている？

　　全くわからないよ。

⑨ 何時にレストランが閉まる予定か教えてくれる？

　　10:30に閉まる予定だから、僕たちには、まだあと2時間あるよ。

⑩ いつジョンが日本に来たか知らないんだけど、彼は日本語をとても
　　上手に話すね。

　　そうだね。どうやって勉強したんだろう。

What sport do you like (the) best?

I like soccer. I've been playing it for more than 10 years.

You need to find out who is in charge of this project.

How should I do it?

Do you remember where you parked your car?

Not really. I remember it was far from the building.

I see some puddles. Was it raining this morning?

I guess (Maybe). Do you think we can still play tennis?

He said he had bought a new computer last week.

Another one? How rich is he?

I heard he runs 5 km every morning.

Really? I wonder how long it takes.

I understand what this machine is for, but I don't understand how it works.

No problem. I'll show you how it works.

I saw many people at the park. Do you know what's going on?

I have no idea.

Can you tell me what time the restaurant will close?

It'll close at 10:30, so we still have two more hours.

I don't know when John came to Japan, but he speaks Japanese very well.

I know. I wonder how he studied.

① 何でそんなに濡れているの？

外がどしゃ降りだからだよ。私の傘を持って来るのを忘れたんだ。

雨が降るって知らなかったの？

いいや。一日中曇りだと思っていたよ。

② 私たちのプレゼンテーションが上手く行って良かったよ。あなたの助けに感謝だね。

どういたしまして。終わって良かったよ。

来月別のプレゼンテーションを私たちはする必要があるのが信じられないよ。

本当に？　誰があなたにそれを言ったの？

③ サッカーの練習はどうだった？

僕たちは、そんなに練習しなかったんだ。なぜなら、明日試合がある予定だから。

何時に始まる予定なの？　そして、どこの予定なの？

10:30 に始まる予定だけど、場所がどこの予定か忘れちゃった。

④ ワタルがスタンフォードを卒業したなんて信じられないよ。

わかる。スタンフォードで学生をするってどんななんだろう。

日本で大学生をするのとは本当に違うと彼は言っていたよ。

どう違うか彼に尋ねた？

⑤ こちらが僕の申請書です。

ありがとうございます。準備ができたら（私たちが）呼びます。

そんなに時間がないんです。どれくらいかかるかわかりますか？

10 分ぐらいかかるでしょう。

1. "Don't you know 〜?" といった否定疑問文の答え方は、肯定の疑問同様「知っていた＝yes」「知らなかった＝ no」となるので注意。

Why are you so wet?

Because it's pouring outside. I forgot to bring my umbrella.

Didn't you know it would rain?

[1]No. I thought it would be cloudy all day.

I'm glad our presentation went well. I appreciate your help.

You're welcome. I'm glad it's over.

I can't believe we'll need to give another presentation next month.

Really? Who told you that?

How was the soccer practice?

We didn't practice much because we'll have a game tomorrow.

What time will it start? And where will it be?

It'll start at 10:30, but I forgot where it will be.

I can't believe Wataru graduated from Stanford.

I know. I wonder what it's like to be a student at Stanford.

He said it was really different from being a student at colleges in Japan.

Did you ask how they were different?

Here (This) is my application form.

Thank you. We'll call you when it's ready.

I don't have much time. Do you know how long it'll take?

It will take about 10 minutes.

練習3 次の **会話** を英語にしていきましょう。

① ここにあなたの名前を書いてください。

オーケーです。他には？

いや。以上です。お時間ありがとうございました。

どういたしまして。いつでも。

② ごめん。まだデータの整理が終わっていないんだ。

大丈夫だよ。あとどれぐらい時間が必要になるかわかる？

明日までには終わらせるよ。約束する。

わかったよ。終わったら教えて。

③ 今朝はどこにいたの？　探していたんだよ。

ごめん。ちょっと緊急事態があって。

何が起きたの？

娘が病気なので、病院に連れていかなくちゃいけなかったんだ。

④ 簡単な質問をしてもいい？

もちろん。何？

ニューヨークに行ったことがあると言っていたね。東京とどう違っていた？

興味深い質問だね。東京より危険だと思ったかな。

⑤ なぜ我々は電車でスタジアムまで行く必要があるか知っている？

うん。それはなぜなら、僕らの車を停められないからだよ。

なるほど。何人の人が試合に来るんだろう。

全くわからないよ。多くの人たちはシーズンで最も大きな試合になるだろうと言っているよ。

Please write your name here.

OK. Anything else?

No. That's it. Thank you for your time.

You're welcome. Anytime.

I'm sorry. I haven't finished organizing the data yet.

That's all right. Do you know how much more time you'll need?

I'll finish it by tomorrow. I promise.

I got it. Let me know when you finish.

Where were you this morning? I was looking for you.

I'm sorry. I had a little emergency.

What happened?

My daughter is sick, so I had to take her to the hospital.

Can I ask you a quick question?

Sure (Of course). What is it?

You said you had been to New York. How was it different from Tokyo?

Interesting question. I thought it was more dangerous than Tokyo.

Do you know why we need to go to the stadium by train?

Yes. It's because we won't be able to park our cars.

I see. I wonder how many people will come to the game.

I have no idea. Many people are saying it will be the biggest game of the season.

Scene 06 雑談

　「挨拶はできるんだけど、その後、何を話せばいいのかわからない」というように「雑談」が苦手な方はよくいらっしゃいます。そういう方には無難なトピックとして「天気」や「場所」のお話がオススメです。また「（スポーツなどの）ニュース」「相手（の服装など）を褒める」というのも、雑談を始めるきっかけによく使われます。

1 よく使われるフレーズ

	フレーズ	意味
1	Did you hear about 〜 ?	〜について聞いた？
2	Did you watch 〜 ? （スポーツなど）	〜は見た？
3	Have you (ever) been to 〜 ?	〜に（今まで）行ったことある？
4	[1]I like 〜 .	〜、いいね。

■ 1. （例）I like your hat. Where did you get it?（帽子いいね。どこで手に入れたの？）

2 自分の国や地元について説明できるようにしておこう

　ちょっとした話から、自分の国や地元の話に発展することはよくあります。そのため、日本や自分の出身地については、ある程度話せるようにしておきましょう。

（例1）

相手：It's cold.（寒いね）

自分：It feels freezing to me because I'm from Okinawa.
　　　（私には凍える寒さに感じるよ。沖縄出身だからね）

相手：Does it snow in Okinawa?（沖縄では雪は降るの？）

自分：Not really.（あんまりだね）

(例2)

自分：Your tattoo is cool, but be careful when you come to Japan.
（タトゥーカッコいいけど、日本に来る時は気を付けてね）

相手：Really? Why?（本当に？　なんで？）

3 会話に感情を入れるには、少し大げさに言うのがポイント

英語では感情を入れるのに「少し大げさに言う」といった表現方法がよく用いられます。例えば「とても寒い」と言うのではなく「凍え死ぬ (I will freeze to death.)」といった表現が使われたりします。また、very / really ばかり使ってしまう方は、バリエーションを持たせるために extremely / pretty といった表現も使ってみるといいでしょう。

少し大げさに言う時に使われるフレーズ

	フレーズ	意味
1	It feels like 〜 .	〜のよう
2	No wonder 文.	どうりで「文」
3	[1]What a 〜 .	なんて〜だ
4	[2]one of the 最上級 〜 s	最も〜の1つ
5	extremely 〜	極めて 〜
6	[3]pretty 〜	けっこう〜 / ずいぶん〜
7	[4]too A (for B) (to C)	(Bにとって)(Cをするには)Aすぎる

1. （例）What a beautiful day.（なんて美しい日だ）
2. （例）one of the biggest parks in our city（私たちの市で一番大きな公園の１つ）
3. pretty には「かわいらしい / かれんな」という意味もある。
4. （例）It was too hot for me to play outside.（私にとって外で遊ぶには暑すぎました）

練習1　次の **会話** を英語にしていきましょう。

① 今日は暑いね。夏のように感じるよ。

わかる。5 月なのが信じられないよ。

② 駅の近くの新しいレストランについて聞いた？

うん。行ったことはある？

③ こんなに寒いなんて信じられないよ。

まだ 9 月なのに、凍えるようだよ。

④ ネクタイ良いね（あなたのネクタイ好きだよ）。どこで手に入れたの？

ありがとう。妻が私に買ってくれたんだ。

⑤ なんて美しい日だ。

その通りだね。何で外にノートパソコンを持っていって働くことができないのか理解できないね。

⑥ 花火大会には行った？

いや。去年行ったんだけど、人が多すぎたよ。

⑦ やっと暖かくなってきたね。

来週には東京で桜が開花し始めると思うよ。

⑧ 私たちのオフィスビルの前で車の事故があったと聞いたよ。

本当？　どうりで道が混雑していたわけだ。

⑨ 昨晩の野球の試合を見た？

うん！　シーズンで最も良かった試合の 1 つだったよ。

⑩ 外は焼けるほど暑いよ。どれだけ汗をかいているか見てよ。

明日はさらに暑くなるって聞いたよ。

1. 「理解できない」には、don't / can't understand がある。don't は説明不足などが理由でわかっていない場合。can't は複雑な数学の問題など何回説明されても理解する能力がない場合。

It's hot today. It feels like summer.

I know. I can't believe it's May.

Did you hear about the new restaurant near the station?

Yes. Have you been there?

I can't believe how cold it is.

It's still September, but it's freezing.

I like your tie. Where did you get it?

Thank you. My wife bought it for me.

What a beautiful day.

Exactly. I [1]don't understand why we can't take our laptops and work outside.

Did you go to the fireworks display?

No. I went last year, but there were too many people.

It is finally getting warmer.

I think cherry blossoms will start blooming in Tokyo next week.

I heard there had been a car accident in front of our office building.

Really? No wonder the road was crowded.

Did you watch the baseball game last night?

Yes! It was one of the best games of the season.

It is burning hot outside. Look at how sweaty I am.

I heard it [2]will (would) be hotter tomorrow.

■ 2. 文法上は would が正しいが、くだけた言い方で will が使われている。　　53

練習2 次の **会話** を英語にしていきましょう。

① 別の大きな台風が明日来る（私たちにはあるだろう）って聞いたよ。

え？　2週間前に（私たちには）あったばかりじゃん。

わかる。しかも、何だと思う？　今回のはさらに強いみたい。

どうりでスーパーで水が全部無くなっていたわけだ。

② 昨日は、ハロウィンだったね。トリック・オア・トリートには行ったの？

うん。娘と行ったんだ。彼女は楽しんだと思うよ。

いいね。あなたも楽しんだ？

ええっと、興味深かったよ。トリック・オア・トリートに行くのは初めてだったから。

③ 病院の近くの新しいレストランに行ったことはある？

いや。なんで？

けっこう良いハンバーガーがあるって聞いたから。

本当？いつか試してみたいね。

④ 良い髪形だね。いつ切ったの？（いつ得たの？）

ありがとう。2週間前に切ったんだよ。

ありえない。本当に？　たった今気づいたのが信じられないよ。

たぶんそれは、先週あなたに会わなかったからだよ。

⑤ 昨日の地震はけっこう大きかったね。

わかる。私のパソコンが机から落ちてね。

あらら。壊れた？

いや。私はラッキーだったよ。なぜなら、椅子の上に着地したからね。

■ 1. 今も変わらない事実について説明しているため、時制の一致を受けない形となっている。

I heard we would have another big typhoon tomorrow.

What? We just had one two weeks ago.

I know. And guess what? It'll be stronger this time.

No wonder the water was all gone at the supermarket.

Yesterday was Halloween. Did you go trick-or-treating?

Yes. I went with my daughter. I think she enjoyed it.

Good. Did you have fun, too?

Well, it was interesting because it was my first time going trick-or-treating.

Have you been to the new restaurant near the hospital?

No. Why?

Because I heard they [1] have pretty good hamburgers.

Really? I want to try them sometime.

Nice haircut. When did you get it?

Thank you. I got it two weeks ago.

No way. Really? I can't believe I just noticed.

Maybe it's because I didn't see you last week.

Yesterday's earthquake was pretty big.

I know. My computer fell off the desk.

Oh, no. Did it break?

No. I was lucky because it landed on my chair.

練習3 次の **会話** を英語にしていきましょう。

① 私たちの夏休みがやっと来週から始まるね。

待てないよ。何か予定はあるの？

いいや。私はただオフの時間が欲しいよ。教科書は見たくないね。

わかる。私も夏休み中に勉強するとは思えないな。

② 僕はこの市が好きだよ。美しくて混雑もしていない。

その通りだね。新しいショッピングモールには行ったことはある？

まだだね。あなたはどう？

先週行ったよ。とても混んでいたよ。

③ クリスマスはもうすぐだね。何をご両親に買うつもりなの？

知っている？　日本では、クリスマスに両親にプレゼントをあげるのは一般的ではないんだよ。

それは知らなかったよ。

私たちは、西洋の人たちが祝う方法とは違う方法でクリスマスを祝うんだ。例えば、私たちはクリスマスケーキを食べるんだよ。

④ 雪が降っているよ。どうりで寒いわけだ。

バスでここまで来たの？

そうだね。自転車でここまで来るには僕には寒すぎたよ。

私はここにタクシーで来たんだ。バスを捕まえられなかったから。

⑤ 今日、カッコ良く決まっているね。何があるの？

ありがとう。この午後、プレゼンをしなくちゃいけなくて。

なるほど。何について話す予定なの？

私たちの新しいソフトウェアについて話す予定だよ。

Our summer break is finally starting next week.

I can't wait. Do you have any plans?

No. I just want some time off. I don't want to see my textbooks.

I know. I don't think I'll study during the summer break, either.

I like this city. It's beautiful and not crowded.

Exactly. Have you been to the new shopping mall?

Not yet. How about you?

I went there last week. It was very crowded.

Christmas is coming up. What will you buy for your parents?

You know what? Giving presents to your parents on Christmas isn't common in Japan.

I didn't know that.

We celebrate Christmas differently from western people. For example, we eat Christmas Cake.

It's snowing. No wonder it's cold.

Did you come here by bus?

Yes. It was too cold for me to come here by bicycle.

I came here by taxi because I couldn't catch a bus.

You look sharp today. What's the occasion?

Thank you. I have to give a presentation this afternoon.

I see. What will you talk about?

I'll talk about our new software.

紹介・説明

　自分の「出身地」「家族」「趣味」の紹介や説明というのは、挨拶の後の何気ない会話の流れから登場することが多いです。例えば、「天気」の話から「自分の出身地の天気 → 母校や家族の話」といった流れです。

1 あらかじめ言う内容をある程度決めておこう

　基本的に、自分の「地元」「家族」「趣味」というものは大きく変わるものではありません。そのため、事前に何を言うかある程度決めておくと初対面の相手でもあまり緊張せずに話せるでしょう。

[地元・家族ヒント]

（1）出身：「私は〜出身です」＝ I'm from 〜

I'm from Hokkaido.（私は北海道出身です）

（2）地理：「日本の〜にある」＝ be 動詞＋ in the 〜 part of Japan.

Fukuoka is in the southern part of Japan.

（福岡は日本の南側にあります）

（3）特産品：「〜で有名」＝ be 動詞＋ famous for 所有格 〜

Aomori is famous for its apples.（青森はリンゴで有名です）

（4）家族：「〜人、兄弟・姉妹がいます」「〜は〇〇に住んでいます」

I have one older brother and two younger sisters.

（兄 1 人と妹 2 人います）

My parents still live in Tokushima.（両親は、まだ徳島に住んでいます）

[趣味ヒント]

（1）趣味：「私は〜をするのが好きです」＝ I like to 〜 .

I like to play soccer.（私はサッカーをするのが好きです）

■ ＊ like to の代わりに like 〜 ing の形も可。My hobby is 〜 . はあまり使われない。

(2) 頻度：週 1= once a week　最低週 2 = at least twice a week　など

I play soccer <u>at least twice a week</u>. （週に最低 2 回はサッカーをします）

(3) 好み：「私は〜が好きです」= I like 〜 .

I like Barcelona. （私はバルセロナが好きです）

2　話を振る際は「趣味」や「出身地」など無難なトピックから

「家族」「仕事」の話となるとプライベートなことも含むので話したがらない方もいます。そのため、まずは無難なトピックである「趣味」や「出身地」について自分の話の流れから話すのが良いでしょう。

It snows a lot in my hometown. Does it snow in your hometown?

（私の地元では雪がよく降るよ。あなたの地元では雪は降るの？）

I like to play soccer. Do you play any sports?

（私はサッカーをするのが好きです。あなたは何かスポーツをしますか？）

3　相手に質問する内容もある程度決めておこう

「出身地」「趣味」についての質問も、基本的に相手によって大幅に変わるというものではありません。そのため、こちらも事前にある程度質問（特に 5W1H）を考えておくと良いでしょう。

(1) 出身地について

<u>Where</u> are you from? （あなたはどこ出身なの？）

<u>What</u> is your hometown like? （あなたの故郷はどんなところ？）

(2) 趣味を聞く

<u>What</u> do you like to do? （あなたは何をするのが好き？）

<u>How often</u> do you 〜 ? （あなたはどれくらい頻繁に〜するの？）

練習1 次の **会話** を英語にしていきましょう。

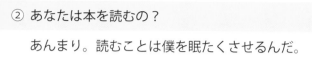

① 東京では物が高いね。

そうだね。私の地元の物は、断然安いよ。

② あなたは本を読むの？

あんまり。読むことは僕を眠たくさせるんだ。

③ 僕は鹿児島出身なんだ。日本の南側にあるんだよ。

一度も行ったことがないな。何で有名なの？

④ 私は大学にいた時にテニスを始めたんだ。

どれくらい頻繁にテニスをするの？

⑤ 新潟はお米で有名なんだ。

魚沼市で作られるお米は高いって聞いたよ。

⑥ 僕には2人の弟がいるんだ。彼らはまだ両親と住んでいるよ。

彼らは何歳なの？

⑦ 僕は野球のチームに入っているけど、僕たちは強くないんだ。野球はする？

野球はしないけど、プロ野球の試合は見るよ。

⑧ 私は北海道出身。日本の北の方にあるんだ。

どこにあるか知っているよ。札幌市はきれいだって聞いた。

⑨ 疲れているように見えるね。どうしたの？

実家から戻って来たばかりで。愛媛にあるんだ。

⑩ 今日は凍える寒さだね。

本当？　私は青森出身だから、私には何でもないよ。

　1.「魚沼産のお米の値段」「札幌の美しさ」は現在でも変わらないので、時制を合わせる必要はない。

Things are really expensive in Tokyo.

I know. Things in my hometown are much cheaper.

Do you read books?

Not really. Reading makes me sleepy.

I'm from Kagoshima. It's in the southern part of Japan.

I've never been there. What is it famous for?

I started playing tennis when I was in college.

How often do you play tennis?

Niigata is famous for its rice.

I heard rice made in Uonuma City [1] is expensive.

I have two younger brothers. They still live with my parents.

How old are they?

I'm [2] on a baseball team, but we're not good. Do you play baseball?

I don't play baseball, but I watch professional baseball games.

I'm from Hokkaido. It's in the northern part of Japan.

I know where it is. I heard Sapporo City [1] is beautiful.

You look tired. What happened?

I just came back from my hometown. It's in Ehime.

It's freezing today.

Really? I'm from Aomori, so it's nothing to me.

練習2　次の **会話** を英語にしていきましょう。

① また雨が降っているよ。梅雨は好きじゃないな。

　僕たちは今日外に行けないから、映画でも見る？

　そうしよう。何の種類の映画を持っているの？

　アクションとホラー映画をいくつか持っているよ。

② あのレストランはけっこう良かったね。

　本当に？　そんなに良いとは思わなかったな。

　本気で？　食べ物がとても新鮮だと思ったよ。

　私はそうは思わなかったな。たぶん、それは私がいつも地元で新鮮な食べ物が食べられるからかな。

③ 先週の台風は、極めて強かったね。

　わかる。千葉のいくつかの市では、まだ大変だって聞いたよ。

　僕の両親は千葉に住んでいるけど、大丈夫って言っていたよ。

　本当？　あなたの両親はラッキーだったね。

④ 昨日のラグビーの試合は見た？

　うん。とても興奮するものだったよ。

　ラグビーは日本ではそこまで人気ではないけど、たくさんの人が昨日の試合を見たと思うな。

　僕もラグビーの大ファンじゃないけど、けっこう良い試合だったよ。

⑤ 琵琶湖に行ったことはある？

　うん。妹があの辺りに住んでいてね。

　どこに住んでいるの？

　彼女は京都の北部に住んでいるんだ。

It's raining again. I don't like the rainy season.

We can't go outside today, so do you want to watch a movie?

Let's do that. What kinds of movies do you have?

I have some action and horror movies.

That restaurant was pretty good.

Really? I didn't think it was that good.

Are you serious? I thought the food was very fresh.

I didn't think so. Maybe it's because I can always eat fresh food in my hometown.

Last week's typhoon was extremely strong.

I know. I heard some cities in Chiba are still having a hard time.

My parents live in Chiba, but they said they were alright.

Really? I think your parents were lucky.

Did you watch yesterday's rugby game?

Yes. It was very exciting.

Rugby isn't that popular in Japan, but I think many people watched yesterday's game.

I'm not a big fan of rugby, either, but it was a pretty good game.

Have you been to Lake Biwa?

Yes. Because my younger sister lives around there.

Where does she live?

She lives in the northern part of Kyoto.

① 私の友人の一人が姫路市でスポーツバーを探しているんだ。

見つけるのは難しいと思うよ。なぜなら、スポーツバーは日本ではそこまで人気じゃないから。

本当？　なんで？

なぜなら、日本では、あまりたくさんのプロのスポーツの試合は報道されないから。

② 読書は楽しいね。僕は1週間にだいたい2冊読むよ。

どんな種類の本を読むの？

僕は日本の文学が好きだね。[1] 三島由紀夫って聞いたことある？

いや。日本で一番有名な作家の一人なの？

③ あなたは、1月にミネソタに行くべきではないね。極めて寒くなるだろうって聞いたから。

どれくらい寒くなるだろうか知っている？

お湯を空中に撒いたら、地面に着く前に凍ると思うよ。

冗談でしょ。理科の実験みたい。

④ なんて美しい日なんでしょう。

そうだね。外に行ってサッカーをしたいよ。

サッカーするの？

うん。小学校にいた時からずっとサッカーをしているよ。

⑤ たくさんの訪日観光客は、秋葉原に行くんだ。なんでかわかる？

わからないな。

それはなぜなら、アニメや漫画関連のお店がたくさんあるからだよ。

なるほど。聞いたことがあると思うな。

1. Do you know Yukio Mishima? というと「三島由紀夫に会ったことがある・つきあいがある」というニュアンスになってしまうので注意。

One of my friends (A friend of mine) is looking for a sports bar in Himeji City.

I think it's pretty difficult to find one because sports bars aren't that popular in Japan.

Really? Why?

Because not that many professional games are broadcast in Japan.

Reading is fun. I read about two books a week.

What kinds of books do you read?

I like Japanese literature. Have you heard of Yukio Mishima?

No. Is he one of the most famous writers in Japan?

You shouldn't go to Minnesota in January because I heard it would be extremely cold.

Do you know how cold it will get?

If you throw boiling water in the air, I think it'll freeze before it hits the ground.

You're kidding. It's like a science experiment.

What a beautiful day.

I know. I want to go outside and play soccer.

Do you play soccer?

Yes. I've been playing soccer since I was in elementary school.

Many overseas visitors to Japan go to Akihabara. Do you know why?

I don't know.

It's because there are many shops related to anime and manga.

I see. I think I've heard of it.

同意・反対

　会話が進むと相手の意見に対して同意や反対などをして会話を進める場面が出てきます。注意するのは反対する時。なぜなら、言い方によっては、相手を不快にさせてしまうかもしれないからです。そのため「相手の立場もしっかり理解した上での意見」ということが相手に伝わるような言い方が必要となってきます。

1 同意を表す際によく使われるフレーズ

	フレーズ	意味
1	I think so. / I think so, too.	私はそう思います / 私もそう思います
2	I agree (with you).	（あなたに）同意します
3	So true. / How true.	まさに / 全くその通り（カジュアル）
4	You're right.	あなたの言う通りだね
5	That's what I thought.	私もそう思いました

2 反対意見は「相手の立場も理解した上で」言うのがポイント

　反対意見を言う際は「あなたの言いたいこともわかるけど……」ということを相手に伝えると相手もそこまで嫌な気持ちにはならないでしょう。しかし、だからと言って、反対意見を言う際は、基本的に謝る必要はありません。日本人は、申し訳なさそうに自分の意見を言う場合がありますが、英語という言語では自分の意見を堂々と言う場合が多いです。「この人は自分の意見に自信がないのかな？」と思われないようにするためにも、自信を持って話しましょう。

理解を表すフレーズ

	単語・フレーズ	意味
1	I understand your point.	言いたいことはわかります
2	I understand what you mean.	意味していることはわかります
3	I don't mean to disagree with you.	反対という意味ではないです
4	I understand「相手の意見」.	「相手の意見」もわかります

3 相手が怒ってしまった時は、隙を見て自分の意見を言う

しかし、こちらがいくら注意して反対意見を述べても、相手が怒ってしまうこともあります。相手のあまりの剣幕に圧倒されてしまうこともあるかもしれません。そういう場合は、

（1）なるべく相手の目を見て話を聴く。（聞いているふりも可（笑））
（2）時々 Right / Yes / OK / True と同意を表すあいづちを入れる。
（3）相手が話終えるのを待つ or
　　隙を見て I understand, but 〜などと割り込む。

英語では相手の話に割り込んで、自分の意見を言うこともよくありますので覚えておきましょう。

4 自分が間違っていた時は、素直に認める

そして「相手の言っていることの方が正しかった」という場合は、素直に認めましょう。しかし、**必ずしも謝る必要はないので**覚えておきましょう。
（例）

Oh, I got it. I thought you'd said "this week," not "next week."
（あぁ、わかった。「今週」と言ったのかと思った。「来週」ではなく）

練習1 次の **会話** を英語にしていきましょう。

① 私たちは、これ以上時間を無駄にできません。

　　同意です。さあ、取り掛かりましょう。

② 明日が締め切りだとわかっていますが、来週提出してもいいですか？

　　あなたの言いたいことはわかりますが、それは不可能です。

③ それは問題だ。私たちの上司に報告するべきです。

　　あなたの言う通りです。ただちに彼に電話します。

④ 私たちのスケジュールは完璧です。
　　あなたに反対という意味ではないのですが、これをあなたが 2 週間で終わらせられるだろうというのは確かですか？

⑤ なんで僕がまた議事録を取らないといけないの？　公平じゃないよ。

　　あなたの意味していることはわかるけど、それがルールだから。

⑥ これを私が 2 日で終わらせられるなんてありえないよ。

　　不可能に聞こえるのは理解しているけど、緊急事態なんだよ。

⑦ 外は焼けるほど暑い。私たちは今日の練習をキャンセルするべきだよ。

　　まさにだね。私たちは死んでしまうよ、今日練習したら。

⑧ 我々は、これを来週までに終わらせる必要があるんじゃないの？

　　そうだと思ったよ。私たちは何を待っているのかわからないよ。

⑨ 彼のアイディアは興味深く聞こえますが、値段が高すぎます。

　　私もそう思います。

⑩ 我々のホテルは重大な改修が必要です。
　　あなたに反対という意味ではないのですが、私たちは、近いうちにはできないでしょう。

We can't waste any more time.

I agree. Let's get started.

I know the deadline is tomorrow, but can I turn it in next week?

I understand your point, but it's impossible.

That's a problem. We should report it to our boss.

You're right. I'll call him right away.

Our schedule is perfect.

I don't mean to disagree with you, but are you sure you'll be able to finish this in two weeks?

Why do I have to record the meeting minutes again? It's not fair.

I understand what you mean, but it's the rule.

There's no way I can finish this in two days.

I understand it sounds impossible, but it's an emergency.

It's burning hot outside. We should cancel today's practice.

So true. We'll die if we practice today.

Don't we need to finish this by next week?

That's what I thought. I don't know what we're waiting for.

His idea sounds interesting, but it's too expensive.

I think so, too.

Our hotel needs a serious renovation.

I don't mean to disagree with you, but we won't be able to do it anytime soon.

練習2 次の **会話** を英語にしていきましょう。

① 外は凍える寒さだね。

この午後、雪が降るって聞いたよ。

買い物に今行きましょう。私たちは、雪が降り始める前に戻ってくる必要があるから。

同意だよ。

② 私たちには時間がない。私たちは今決断する必要があるんだよ。

言いたいことはわかるけど、私たちは急ぐべきではないよ。

いいでしょう。それじゃあ、あなたのプランは何なの？

もう一度、我々にある選択肢を見直し、我々に何ができるか見てみましょう。

③ 僕たちの大阪への旅は、楽しかったね。

わかる。大阪城はきれいだったね。

まさに。人もとてもフレンドリーだったしね。

何で他の地域の人たちとあんなにも違うんだろう。

④ 私たちはラウンジにパソコンが1台必要だと、私は思います。

反対という意味ではないですが、お金はどこから手に入れるのですか。

私たちは中古のパソコンが買えます。それなら安いでしょう。

あぁ、新しいのを買いたいのかと思いました。それなら気にせずに。

⑤ 空港まで乗せてくれてありがとう。

どういたしまして。あなたのフライトは何時？

10:30。僕には、あまり時間が残されていないな。

チェックインのカウンターが遠くないことを望むよ。

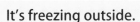
It's freezing outside.

I heard it would snow this afternoon.

Let's go shopping now because we need to come back before it starts snowing.

I agree.

We don't have time. We need to make a decision now.

I understand your point, but we shouldn't rush.

Fine. What is your plan then?

Let's go over our options again and see what we can do.

Our trip to Osaka was fun.

I know. Osaka Castle was beautiful.

So true. People were very friendly, too.

I wonder why they're so different from people in other areas.

I think we need a computer in the lounge.

I don't mean to disagree with you, but where will we get the money?

We can buy a secondhand computer. It'll be cheap.

Oh. I thought you wanted to buy a new one. Never mind then.

Thank you for the ride to the airport.

You're welcome. What time is your flight?

It's 10:30. I don't have much time left.

I hope the check-in counter isn't too far.

練習3 次の **会話** を英語にしていきましょう。

① 私たちはプレゼンテーションの前に短い会議をするべきです。

　僕もそう思います。

　212 室を予約しておきます。2：30 に会えますか？

　もちろんです。それじゃあ、その時に。

② なぜ僕たちは、ここでまだ待たないといけないのですか？

　あなたの言いたいことはわかりますが、私たちはあなたの所持品を全てチェックする必要があります。

　何でそんなにも時間がかかっているのですか？

　なぜなら、私たちは全てのものが安全であることを確かめないといけないからです。

③ デイビッドは問題を起こしすぎているよ。

　同意だね。今度彼を見かけた時に伝えておくよ。

　それだと遅すぎるでしょう。僕たちは、できる限り早く彼に伝えるべきだと思うよ。

　オーケー。彼に電話して、来週のスケジュールを聞いてみるよ。

④ なぜあなたは私にデータの分析をしてもらいたいのですか？

　あなたが極めて忙しいことは知っていますが、他に誰ができるのですか？

　いいでしょう。できる限り早くデータを送ってください。

　本当に感謝します。

⑤ この商品は魅力的ですが、私たちはどうやって宣伝するのですか？

　それはいい質問ですね。考えていませんでした。

　安くて、効果的でないといけません。我々の SNS ページを使うのはどうでしょう？

　それはいいアイディアですね。無料で効果的でしょう。

We should have a short meeting before the presentation.

I think so, too.

I'll reserve Room 212. Can we meet at 2:30?

Sure (Of course). See you then.

Why do we still have to wait here?

I understand your point, but we need to check all of your belongings.

Why is it taking so long?

Because we have to make sure everything is safe.

David is causing too many problems.

I agree. I'll tell him when I see him next time.

It'll be too late. I think we should tell him as soon as possible.

OK. I'll call him and ask for his schedule for the next week.

Why do you want me to analyze the data?

I understand you're extremely busy, but who else can do it?

Fine. Please send me the data as soon as possible.

I really appreciate it.

This product is attractive, but how do we advertise it?

That's a good question. I haven't thought about it.

It has to be cheap and effective. How about using our social media pages?

That's a good idea. It'll be free and effective.

細かなニュアンス

　ネイティブや英語を話すのが上手な方は、細かなニュアンスを伝えるために「副詞」を使ったり「やや高度な単語（＝子供はあまり使わないような単語）」を上手に使ったりする印象があります。

（例）

His English is gradually getting better.

（彼の英語は徐々によくなってきているよ）

I am exhausted.

（私は疲れ果てているよ）

1 「副詞」を文の途中でも登場させる

　ネイティブや英語を話すのが上手な方は、副詞を文の最初や最後だけでなく、文の途中でも登場させることが多いです。これは、副詞の種類だけでなく、文の種類（be 動詞の文、一般動詞の文、助動詞の文）で副詞が入る場所が異なるので若干難しい表現となります。

[be 動詞の文：主語＋ be 動詞＋副詞＋〜]

He is always busy.

（彼は、いつも忙しいです）

[一般動詞の文：主語＋副詞＋一般動詞＋〜]

She always practices the piano after school.

（彼女は、いつも放課後にピアノを練習します）

[助動詞の文：主語＋助動詞＋副詞＋〜]

You should always be careful.

（あなたは、いつも気を付けるべきです）

2 単語レベルは、TOEIC / 英検 2 〜準 1 級ぐらいがオススメ

　TOEIC や英検 2 〜準 1 級レベルで登場する単語は、日常でも頻繁に使われる単語が多いです。そのため、基本的な語彙力アップを目指すのであれば、まずはここら辺を覚えるのが良いでしょう。また「中学で学ぶような平凡な単語ではなく、別の単語を使いたい。だけど、どんな単語があるのかわからない」と思った際は、検索サイトで「〇〇 synonyms」と調べるのがオススメです（synonym は「同意語 / 類義語」という意味。日本語のサイトよりも英語のサイトを使うのがオススメ）。しかし、**多少意味が異なる場合も多いため、その単語を使った例文も同時に検索しておきましょう。**

単語の例

	単語	意味	同意語/類義語
1	happy	嬉しい / 満足している	satisfied
2	expensive	高価な / 高い	valuable
3	important	重要な / 重大な	significant / crucial
4	maybe	たぶん / おそらく	perhaps
5	slowly	ゆっくりと / 徐々に	gradually

3 「やや高度な単語」を選ぶ際は、実際の会話やスピーチを参考に

　あまり使い慣れていない単語だと「実際には、あまり使われない単語」「状況に相応しくない単語」の場合もあります。そのため、**自分が使う前に実際に使われている状況を確認するのがオススメ**です。例えば「ネイティブ同士の会話」「ネイティブによるスピーチ」「アメリカのドラマや映画のセリフ」「本や新聞の記事」などを参考にすると良いでしょう。

練習1　次の **会話** を英語にしていきましょう。

① お金を十分に持っていることは、私たちのゴールを達成するのに必要となるでしょう。

その通りです！　あなたにまったく同感です。

② あなたのプレゼンテーションはとても印象深いものでした。

感謝します。成功できて良かったです。

③ 私の両親は高齢なので、私は時々彼らを訪ねます。

なるほど。彼らはどこに住んでいるのですか？

④ これ全てを僕は毎日しないといけないの？

そうだよ。たくさんのように聞こえるけど、あなたは徐々に慣れるでしょう。

⑤ 彼女は勉強好きです。彼女はいつも放課後に図書館に行きます。

彼女は、たいてい何時に帰ってくるのですか？

⑥ このカメラは、非常に高価ですので、使うときは気を付けて。

僕には普通のカメラに見えますけど。

⑦ もうすぐ大阪駅に到着するだろうから、準備しておいてね。

わかった。正確にどれくらいかかるかわかる？

⑧ あなたがこれらの化学薬品を扱う際は、ゴーグルをつけることを強く薦めます。

何でそんなに危険なのですか。

⑨ 私は先週社長に会ったんだ。彼に会うのは初めてで。

どうだった？　緊張した？

⑩ インフルエンザの蔓延を防止することが我々のゴールの1つです。

どのように我々はそれを達成するつもりなのですか？

Having enough money will be necessary to achieve our goal.

Exactly! I totally agree with you.

Your presentation was very impressive.

I appreciate it. I'm glad it was successful.

My parents are old, so I occasionally (sometimes) visit them.

I see. Where do they live?

Do I have to do all of this every day?

Yes. It sounds like a lot, but you'll gradually get used to it.

She's studious. She always goes to the library after school.

What time does she usually come back?

This camera is quite valuable (expensive), so be careful when you use it.

It looks like an ordinary camera to me.

We'll soon arrive at Osaka Station, so get ready.

Got it. Do you know exactly how long it'll take?

I strongly recommend you wear goggles when you use these chemicals.

Why are they so dangerous?

I met the president last week. It was my first time meeting him.

How was it? Were you nervous?

Preventing the spread of the flu is one of our goals.

How will we achieve it?

練習2 次の **会話** を英語にしていきましょう。

① 彼女をゲストスピーカーとして招待することを計画しているんだ。どう思う？

いいアイディアだと思うよ。

本当にそう思う？

うん。観客は、彼女のアイディアを聞くのを大いに喜ぶと思う。

② 彼は、この地域でけっこう有名なんだよ。時々テレビに出るんだ。

冗談でしょ？　なんで？

レアなおもちゃのコレクションを持っているからだよ。

知らなかった。彼は、どこに住んでいるか知っている？

③ 何だと思う？　エミリーが今朝私たちのオフィスにまた来たよ。

彼女はいつも私たちのオフィスに来るね。

わかる。今回は何でここに来たんだろう。

全くわからないよ。おそらく、ただ退屈だったんだよ。

④ 数学のテスト返ってきた？

うん。Bだった。

それは悪くないね。大半の生徒がCを取ったって聞いたよ。

僕はCかDを取るだろうと思ったから、自分の成績に満足だよ。

⑤ あなたは、たくさん良いレストランを知っているね。どれくらい頻繁に外食するの？

ほぼ毎日だね。家で食べることはめったにないかな。

本当？　たいてい誰と一緒に行くの？

たいてい一人だね。そしたら、他の人たちのスケジュールを気にする必要がないから。

I'm planning to invite her as a guest speaker. What do you think?

I think it's a good idea.

Do you really think so?

Yes. I think the audience will be delighted to hear her ideas.

He's quite famous in this area. He sometimes appears on TV.

Are you kidding? Why?

Because he has a collection of rare toys.

I didn't know that. Do you know where he lives?

Guess what? Emily came to our office again this morning.

She always comes to our office.

I know. I wonder why she came here this time.

I have no idea. Perhaps she was just bored.

Did you get your math test back?

Yes. I got a B.

That's not bad. I heard the majority of the students had gotten Cs.

I thought I would get a C or a D, so I'm satisfied with my grade.

You know many good restaurants. How often do you eat out?

Almost every day. I rarely eat at home.

Really? Who do you usually go with?

I usually go alone because then I don't need to worry about other people's schedules.

練習3 次の **会話** を英語にしていきましょう。

① 何で、エラーメッセージが出続けるのかわからないです。

明日の朝、見てみますね。

感謝します。大きな問題でないことを望みます。

コードで何かがおかしいのだと思います。

② 今の仕事は、自分に合っていないと思う。

同意だよ。あなたは、いつもあなたの上司について文句を言っているからね。

おそらく新しい仕事を探し始める時なんだな。

どんな種類の仕事に興味があるの？

③ 暇な時はいつも何をしているの？

本を読むね。自分の知識を広げるのに良い方法だと思うよ。

月に何冊読むの？

3冊から4冊読みたいんだけど、だいたい1、2冊読んで終わっちゃうね。

④ 私の数学の教科書を返してくれる？　明日使うんだ。

ごめん。なくしちゃって。

何だって？　どこでなくしたの？

間違って教室に置いてきちゃって。誰か持っていったんだと思う。

⑤ 生物学の宿題をするのを完全に忘れていた。

まだ、あなたには30分あるよ。今やるべきだよ。

終わらせられるだろうとは思わないよ。だって、難しいって聞いたから。

誰がそんなことを言ったの？私は、20分で終わらせたよ。

I don't understand why I keep getting an error message.

I'll take a look at it tomorrow morning.

I appreciate it. I hope it's not a big problem.

I think something is wrong in the code.

I think my current job doesn't suit me.

I agree. You always complain about your boss.

Perhaps it's time for me to start looking for a new job.

What kind of job are you interested in?

What do you usually do in your free time?

I read books. I think it's a good way to expand my knowledge.

How many books do you read in a month?

I want to read three to four books, but I usually end up reading only one or two.

Can I get my math textbook back? I'll use it tomorrow.

I'm sorry. I lost it.

What? Where did you lose it?

I accidently left it in the classroom. I think someone took it.

I completely forgot to do my Biology homework.

You still have 30 minutes. You should do it now.

I don't think I'll be able to finish it because I heard it was difficult.

Who said that? I finished it in 20 minutes.

Scene 10 仮定

「もし〜 (If 〜)」の形はよく登場します。しかし、英語では話し手が「現実に起こりうる話」(直接法)と考えているのか「現実には起こりえない話」(仮定法)と考えているのかで形が変わります。

《直接法》If it rains tomorrow, our practice will be canceled.

(明日雨が降ったら、私たちの練習は中止になるだろう)

[話し手は「現実に起こりうる」と考えている]

《仮定法》If I were rich, I would buy this house.

(私がお金持ちなら、この家を買うのに)

[話し手は「現実に起こりえない」と考えている]

1 直接法も仮定法も、基本の形は If A, B か A if B

直接法・仮定法、両方とも基本の形は以下の 2 種類です。

(1) If A, B. = もし A なら B

(例) If you want to go home, you need to finish this.

(もし家に帰りたいのなら、これを終わらせる必要があります)

(2) A, if B. = A、もし B なら

(例) You need to finish this if you want to go home.

(これを終わらせる必要があります、もし家に帰りたいのなら)

2 直接法では、基本的に if 〜 が未来のことを表す場合でも現在形

直接法の場合、たとえ未来の仮定(「明日雨が降ったら」など)であっても基本的に現在形が使われるのが特徴です。

(例) If you're not busy tomorrow, will you help me?

〈If you won't 〜 = ×〉 (もし明日忙しくなかったら、助けてくれる？)

82

3 仮定法では、現在のことは「過去形」で表す

仮定法で「A なら、B なのに (If A, B.)」と現在のことを表す場合、現在形ではなく過去形が使われます（仮定法過去）。また、be 動詞は主語に関わらず原則 were が（くだけた言い方では was も）使われます。

[仮定法過去：例]

If he <u>were</u> here, we <u>could</u> talk about this problem.

[彼はここにはいない]

（もし彼がここにいたなら、私たちはこの問題について話せたね）

I <u>would</u> call her if I <u>knew</u> her phone number.

[彼女の電話番号を知らない]

（彼女に電話していただろうな、彼女の電話番号を知っていたら）

4 仮定法では、過去のことは「過去完了形」で表す

そして「A だったなら、B だったのに (If A, B.)」と過去のことを表す場合、過去形ではなく過去完了形（had + 過去分詞）が使われます（仮定法過去完了）。また、B の文では "would've (would have) / could've (could have) / might've (might have) + 過去分詞" の形がよく使われます。

（1）would've (would have) = 〜だっただろう

（2）might've (might have) = 〜だったかもしれない

（3）could've (could have) = 〜できただろう

> would = will の過去形　　might = may の過去形　　could = can の過去形

[仮定法過去完了：例]

If he <u>had come</u> to the party, it <u>might've</u> been better. [彼は来なかった]

（もし彼がパーティーに来ていたら、もっと良かっただろうに）

She <u>would've</u> married him if he <u>had been</u> rich. [彼は貧しかった]

（彼女は彼と結婚していただろう、もし彼がお金持ちだったなら）

練習1 次の **会話** を英語にしていきましょう。

① このギターを僕が持っていっていいって、あなたは確かなの？

うん。もし考えを変えたら、知らせるよ。

② もし彼が日本語を話せたのなら、彼は日本に来ているだろうね。

彼はいくつかの日本語の授業を取っているんじゃないの？

③ もし私たちがこの商品をもっと早く開発していたら、私たちが市場を支配していたでしょう。

わかります。なぜあんなに時間がかかったのでしょう。

④ あなたは僕たちと映画に行く予定？

行くつもりだよ、もし時間内に宿題を終わらせられたらね。

⑤ 彼らは才能があるのに、とても静かなんだよね。

私は彼らと話すのに、もし彼らがもっと社交的なら。

⑥ 名古屋まで車で行くべき？

そうは思わないな。もし私があなたら、電車で行くだろうな。

⑦ 今日は助けてくれてありがとう。

どういたしまして。もし何か必要なら、教えてね。

⑧ もし私がエリカと同じぐらい賢かったら、弁護士になるだろうな。

何で弁護士になりたいの？

⑨ もしあなたがまだその教科書を買っていないようなら、オンラインで買うべきだよ。

そうする予定だったんだ。断然安いだろうって聞いたから。

⑩ あなたは宿題を終わらせられていただろうね、もし野球の試合に行っていなかったら。

試合の後に終わらせられると思ったんだよ。

Are you sure I can take this guitar?

Yes. If I change my mind, I'll let you know.

If he could speak Japanese, he would come to Japan.

Isn't he taking any Japanese classes?
If we had developed this product earlier, we would've dominated the market.

I know. I wonder why it took so long.

Will you go to the movie with us?

I will go if I can finish my homework in time.

They're talented, but they're so quiet.

I would talk with them if they were more sociable.

Should I go to Nagoya by car?

I don't think so. If I were you, I would go by train.

Thank you for helping me today.

You're welcome. If you need anything, let me know.

If I were as smart as Erika, I would be a lawyer.

Why do you want to be a lawyer?

If you haven't bought that textbook yet, you should buy one online.

That's what I was planning to do. I heard it would be much cheaper.

You could've finished your homework if you hadn't gone to the baseball game.

I thought I could finish it after the game.

練習2 次の **会話** を英語にしていきましょう。

① 私の助けが必要だって聞いたよ。何が起きたの？

フランスから手紙が届いたんだけど、フランス語が読めなくて。

あなたを助けていただろうな、もし私がフランス語を読めたら。

え、読めると思ったよ。誰かフランス語を読める人を知っている？

② 何で彼女は動揺しているの？

今日テストがあることを彼女は知らなかったからだよ。

彼女は先週休んでいたの？

うん。彼女は知っていただろうね、もし授業に来ていたら。

③ もし明日時間があれば、ショッピングモールに連れて行ってくれる？

何時に行きたいの？

まだ決めていないけど、午前に行きたいな、もし可能なら。

オーケー。できると思うよ。

④ 誰かコウタがどこにいるか知っている？

知らないよ。彼はここに来るって言ったの？

そう思うけど、もしかすると彼は忘れているのかも。

もし彼の電話番号を知っていたら、彼に電話しているんだけどな。

⑤ あなたは何をするの、もし1億円持っていたら？

大きな家を買って、バスケのコートを作るだろうな。あなたは？

何にも使わないかな。今後のために、とっておくよ。

なるほど。それはいい考えだね。

I heard you needed my help. What happened?

I got a letter from France, but I can't read French.

I would help you if I could read French.

Oh, I thought you could. Do you know anyone who can read French?

Why is she upset?

Because she didn't know she had a test today.

Was she absent last week?

Yes. She would've known if she had come to class.

If you have time tomorrow, can you take me to the shopping mall?

What time do you want to go?

I haven't decided yet, but I want to go in the morning if it's possible.

OK. I think I'll be able to do that.

Does anyone know where Kota is?

I don't know. Did he say he would come here?

I think so, but perhaps he has forgotten.

If I knew his phone number, I would call him.

What would you do if you had 100 million yen?

I would buy a big house and make a basketball court. How about you?

I wouldn't use it for anything. I would save it for later.

I see. That's a good idea.

練習3 次の **会話** を英語にしていきましょう。

① 何で私に嘘をついたの？

だって罰せられると思ったから。

あなたを助けることができたのに、もし真実を私に言っていれば。

ごめんなさい。全部私のせいだよ。

② もし日本文学に興味があるのなら、その授業を取るべきだね。

取ったことがあるの？

うん。去年取ったよ。難しいとは思わなかったな。

テストは何回あったの？

③ 私には、来週ニュージーランドからゲストが来る予定なんだけど、（私には）問題があってね。

それは何なの？

イベントの後で、どのレストランに彼女を連れていくべきかわからなくて。
もし私があなたなら、どんな種類の料理が食べたいか彼女に尋ねるかな。

④ トムは、先月やっと仕事を得たんだ。

それは良いニュースだね。彼は、彼の仕事を気に入っているの？

そうでもないかな。彼は給料が安すぎると言っているよ。

もし彼が大学に行っていたら、もっと良い仕事を得られたのに。

⑤ あなたは上手に歌うね。歌のレッスンを取っているの？

いや。けど、友人たちとよくカラオケに行くよ。

それだけ？　もし私があなたぐらい美しく歌えたら、私はプロの歌手になることを試みるだろうな。

ありがとう。1度か2度、考えたことはあるよ。

Why did you lie to me?

Because I thought I would be punished.

I could've helped you if you had told me the truth.

I'm sorry. It's all my fault.

If you're interested in Japanese literature, you should take that class.

Have you taken it?

Yes. I took it last year. I didn't think it was difficult.

How many tests did you have?

I'll have a guest from New Zealand next week, but I have a problem.

What is it?

I don't know which restaurant I should take her to after the event.

If I were you, I would ask her what kind of food she would like to eat.

Tom finally got a job last month.

That's good news. Does he like his job?

Not really. He says the pay is too low.

If he had gone to college, he would've been able to get a better job.

You sing well. Are you taking singing lessons?

No. But I often go to karaoke with my friends.

Is that it? If I could sing as beautifully as you can, I would try to be a professional singer.

Thank you. I've thought about it once or twice.

理想・後悔

　事実の説明だけでなく「〜ならよかったのに」といった理想や、「〜するべきだった」といった後悔など、現実とは違った自分の気持ちについても話すことができると話に厚みがでます。そこで登場するのが wish や "should've (should have) 過去分詞 " といった表現です。

1 wish は if がつかない仮定法

　wish は "I wish + 文 " の形で「〜ならいいのに」「〜ならよかったのに」という意味でよく使われます。「文」の部分は「仮定」のお話となるため「過去形を使って現在のこと（仮定法過去）」「過去完了形を使って過去のこと（仮定法過去完了）」を表す形となります。

　（例）

I wish I <u>were</u> as tall as you are.【仮定法過去】

（あなたと同じぐらい背が高ければ<u>いいのに</u>）

I wish she <u>had come</u> to the party.【仮定法過去完了】

（彼女がパーティーに来ていたら<u>よかったのに</u>）

2 「〜するべきだった」を表す "should've 過去分詞 "

　「後悔」を表そうとすると、regret を連想される方が多くいますが、regret 以外にも後悔を表す方法はいくつかあります。その中でも、よく会話で使われるのが「〜するべきだった」という意味の "should've (should have) 過去分詞 " の形です。これは、自分の行動に対する「後悔」以外にも相手に対する「アドバイス（言い方によっては非難）」も表せます。

（例）

My test score was bad. I should've studied more.

（僕のテストの点数は悪かったよ。もっと勉強するべきだった）

You should've come here by car.

（あなたは、ここに車で来るべきだったよ）

3 "should've 過去分詞 " 以外の「後悔」の表し方

"should've 過去分詞 " 以外にも後悔を表す方法はいくつかあります。

1. It is a shame (that) + 文 ［文 なのは、残念です］

（例）

It was a shame (that) nobody * had come to class.

（誰も授業に来なかったのは残念でした）

■ * ここは「仮定法」ではなく「時制の一致」のため過去完了形。

2. It is unfortunate (that) + 文 ［文 なので、不運です / 運が悪いです］

（例）

It was unfortunate (that) he didn't have a driver's license.

（彼は運転免許書を持っていなくて不運でした）

3. What am I doing? ［私は何をしているんだ？］

（例）

I made the same mistake again. What am I doing?

（同じ過ちをまたしちゃって。私は何をしているんだ）

4. Why did I ～ ? ［私は何で～したんだろう］

（例）

Why did I buy two of the same book?

（何で私は同じ本を 2 冊買ったんだろう？）

91

練習1 次の **会話** を英語にしていきましょう。

① 私のアパートは私の職場からは遠すぎるよ。車があったらな。

　どこに住んでいるの？

② 彼はまた宿題をしなかったよ。

　もし彼が宿題を終わらせていなかったのであれば、彼はお祭りには行くべきではなかったね。

③ あなたが明日パーティーに行けないのは残念だよ。

　ごめん。出張に行かなくてもよければいいのに。

④ あなたは間違ったところに名前を書いたよ。

　何を私はしているんだ？　消しゴムは持っている？

⑤ 私たちのコピー機が昨日壊れてしまったので、運が悪いよ。

　わかる。どうやって私たちは、このプリントのコピーを 200 枚作るべきなの？

⑥ 私たちには来週スペインから来客がある予定です。

　タイチはスペイン語を上手に話せます。彼がここにいてくれたらな。

⑦ 見知らぬ人からメールが来たんだけど、メッセージが一切なくて。

　メールを開けるべきではなかったよ。

⑧ 彼女がたいていどこにカギを置くか知っている？

　全くわからないよ。知っていたらな。

⑨ バスケの試合はどうだった？　あなたたちは勝ったの？

　いや。負けたよ。君が来られなかったのが残念だよ。

⑩ 私が終電を逃したのは、不運だったよ。

　どうやって家に帰ったの？　タクシーに乗ったの？

---

1. apartment と言うと「アパートの一室」を指し、建物を指す場合は apartment building が使われることが多い（ただし apartment で建物を指す場合もある）。

My ^{1}apartment is too far from my workplace. I wish I had a car.

Where do you live?

He didn't do his homework again.

If he wasn't done with his homework, he shouldn't have gone to the festival.

It's a shame you won't be able to go to the party tomorrow.

I'm sorry. I wish I didn't have to go on the business trip.

You wrote your name in the wrong place.

What am I doing? Do you have an eraser?

It's unfortunate our copying machine broke yesterday.

I know. How should we make 200 copies of this handout?

We'll have a visitor from Spain next week.

Taichi can speak Spanish well. I wish he were here.

I got an email from a stranger, but it didn't have any messages.

You shouldn't have opened the email.

Do you know where she usually puts the key?

I have no idea. I wish I did.

How was the basketball game? Did you win?

No. We lost. It's a shame you couldn't come.

It was unfortunate I had missed the last train.

How did you get home? Did you take a taxi?

練習2　次の **会話** を英語にしていきましょう。

① この渋滞を見て。ひどいね。

わかる。空を飛べたらな。

まだラッシュアワーじゃないのに。何が起きたんだろう。

交通事故か何かがあったんだと思うよ。

② 明日、暇？

いや。宿題を終わらせる必要があるんだ。なんで？

私の家でパーティーをする予定だから。あなたが忙しいのは残念だよ。

まあ次回だね。楽しんで。

③ シオリはすでに帰ったの？

うん。息子さんの世話をする必要があるって言っていたよ。

彼女が早くにここを去らないといけないのは不運だったね。

あなたの言う通りだね。彼女が、もっと長くいることができたらよかったのに。

④ 徒歩でここに来たの？　あなたの自転車はどうしたの？

一昨日壊れたから、自転車屋さんに持って行ったんだ。

何で私に言わなかったの？　無料で直してあげたのに。

本当？あなたに最初に聞くべきだったよ。

⑤ 3冊ノートを買ったの？　私は、2冊しか必要なかったのに。

何で3冊買ったんだろう？　僕のミスだ。

大丈夫だよ。妹に1冊あげるよ。

ありがとう。彼女が気に入ることを望むよ。

Look at this traffic jam. It's terrible.

I know. I wish I could fly.

It's not rush hour yet. I wonder what happened.

I think there was a traffic accident or something.

Are you free tomorrow?

No. I need to finish my homework. Why?

We'll have a party at my house. It's a shame you'll be busy.

Maybe next time. Have fun. (Enjoy.)

Did Shiori already go home?

Yes. She said she needed to take care of (look after) her son.

It was unfortunate she had to leave here early.

You're right. I wish she could've stayed here longer.

Did you come here on foot? What happened to your bicycle?

It broke two days ago, so I took it to a bicycle shop.

Why didn't you tell me? I would've fixed it for free.

Really? I should've asked you first.

Did you buy three notebooks? I only needed two.

Why did I buy three? It's my mistake.

That's alright. I'll give one to my younger sister.

Thank you. I hope she'll like it.

① このプリントを見て。これは大きな間違いだと思うよ。

　あなたの言う通りだね。だけど、私たちには直す時間がないよ。

　私たちは何をするべきだろう？

　私たちが昨日この問題を見つけていたらよかったのに。

② あなたが面接に合格できなかったことを残念に思うよ。

　何を間違ってしたのかわからないよ。合格したと思ったから。

　おそらく、あなたは最善を尽くしたんだけど、より良い候補者がいたんだよ。

　まあ、世界の終わりじゃないから、僕は大丈夫だよ。

③ この書類は、あなたが作ったの？

　うん。何で？

　何でここにあなたの電話番号を書いたのかなと思って。

　それは間違いだね。何を考えていたのかわからないよ。

④ 彼女が、また問題を起こしたんだ。

　今回は何なの？

　会議に来なかったんだ。役員会のメンバーは大変激怒していたよ。

　なぜ彼らは、彼女を雇ったの？　彼らは、彼女は信用できないと気づくべきだったね。

⑤ （あなたの）就職活動はどう？

　終わったよ。山形で仕事を得たんだ。

　本当？　そうすると、来年は宮城にはいないんだね。

　あなたの言う通りだね。仙台で仕事を得られなかったのは残念だよ。

Look at this handout. I think this is a big mistake.

You're right, but we don't have time to fix it.

What should we do?

I wish we had found this problem yesterday.

It's a shame you couldn't pass the interview.

I don't know what I did wrong. I thought I had passed it.

Perhaps you did your best, but there was a better candidate.

Well, it's not the end of the world, so I'll be alright.

Did you make this document?

Yes. Why?

I was wondering why you had written your phone number here.

It's a mistake. I don't know what I was thinking.

She caused a problem again.

What is it this time?

She didn't come to the meeting. The board members were very furious.

Why did they hire her? They should've noticed she wasn't reliable.

How is your job hunting going?

It's over. I got a job in Yamagata.

Really? So you won't be in Miyagi next year.

You're right. It's unfortunate I couldn't get a job in Sendai.

Scene 12　驚き

　驚きを表す際 What?（何？）や That's great!（それはすごい！）などがよく使われますが、ワンランク上を目指すなら、その後に「信じられない」「（驚き過ぎて）何を言えばいいのかわからないよ」といった驚きの説明なども足せるようになる必要があります。

1　可能であれば「驚き」の理由も説明

　文脈から「何について驚いているのか？」「何について感動しているのか？」といったことが推測できる場合もありますが、推測が難しいと思う場合は簡単な説明を付け加えるといいでしょう。しかし、理由を言いたくないという場合もあるでしょうから、理由を聞かれたら nothing（何でもないよ）といって逃げてもいいと思います。

（例）

What!? Oh, sorry. I just found out I would have a meeting later.

（何!?　あ、ごめん。後で会議があることが今わかったんで）

2　shock（ショック）には「衝撃的」という意味もある

　日本語で「ショック」というと落胆や失望を表すことが多いですが、英語の shock は、日本語の「ショック」という意味に加え「衝撃的」という意味も表すことができます（カルチャーショックの「ショック」と似たような使われ方です）。

（例）

I was shocked because everyone was so quiet in class.

（衝撃を受けたよ。だって、授業でみんなとても静かだったから）

3 言葉に詰まった時に使われる "I don't know 疑問詞 + to 不定詞"

（良い意味でも悪い意味でも）驚いて「〜したらいいのか（するべきか）わからない」と言いたい時に使われるのが "I don't know 疑問詞 + to 不定詞" の形（例：I don't know what to do.（何をしたらいいのかわからない））。この "疑問詞 + to 不定詞" は、驚き以外にも使え、I found out（私は発見しました）I learned（私は学んだ）などの後に足すこともできます。what to 〜 以外の例は以下の通りです。

1. where to 〜 = どこ〜するのか

（例）I don't know <u>where to</u> start.

　　（どこから始めたらいいのかわからないよ）

2. which ○○ to 〜 = どの○○〜するのか

（例）Help us decide <u>which movie to</u> watch tonight.

　　（今晩どの映画を見るか決めるのを手伝ってよ）

3. how to 〜 = どうやって〜するのか / 作り方

（例）I learned <u>how to</u> use this machine.

　　（どのようにこの機械を使うのか学びました）

4 "one of the 最上級 + 複数形名詞"（最も〜の1つ）

英語では「最も〜の1つ」という表現をよくします。「え？　"最も" なんだから、1つしかないんじゃないの？」と思うかもしれませんが、英語では考え方が少し違います。基本の形は "one of the 最上級 + 複数形" ですが、その後に "I've ever 〜"（今まで〜した中で）や "in my life"（私の人生の中で）といったフレーズを足すこともできます。

（例）

It was one of the best movies I've ever * seen.

（それは、私が今まで見た映画の中で一番だったよ）

■ *「映画を見る」という場合、watch だけでなく see もよく使われる。

練習1 次の **会話** を英語にしていきましょう。

① あなたのパソコンを落としたら、壊れてしまって。本当にごめん。

　何と言ったらいいのかわからないよ。

② さっきの音は何？

　僕だよ。間違って僕の机を蹴っちゃって。

③ これらのメールを見て。私は毎日約30通のメールを受け取るんだ。

　それらを確認するのに、たいていどれくらい時間がかかるの？

④ 台風が私たちの市にある多くの建物を破壊しました。私は、その
　ニュースを聞いてショックを受けました。

　今まで私たちが経験した中で、一番大きな台風の1つでした。

⑤ 我々のコピー機が壊れたと思う。直し方は、知っている？

　知っていたらよかったよ。あなたは、カスタマーサービスに電話し
　てみるべきだよ。

⑥ 見たところ私の電話にはたくさんの機能がついているみたいだけ
　ど、いつそれらを使うのかわからないよ。

　こっちも同じ。とても紛らわしいね。

⑦ メニューを見て。たくさんのデザートがあるよ。

　どれを選べばいいかわからないよ。全部食べられたらいいのに。

⑧ 駅の前の日本食レストランは、閉店する予定なんだって。

　そのことについて聞いたよ。かなり衝撃的だったね。

⑨ この油絵は、美しいね。

　わかる。日本で最も有名な芸術家の1人によって描かれたんだよ。

⑩ 何であなたはそんなに興奮しているの？

　オックスフォード大学に合格したことを、ちょうど発見したんだ。

■ 1. 描いたのが、油絵 (oil painting) なので「描く」という動詞には paint が使われる。

I dropped your computer, and it broke. I'm really sorry.

I don't know what to say.

What was that sound?

It was me. I accidentally kicked my desk.

Look at these emails. I receive about 30 emails every day.

How long does it usually take for you to check them?

The typhoon destroyed many buildings in our city. I was shocked to hear the news.

It was one of the biggest typhoons we've ever experienced.

I think our copying machine broke. Do you know how to fix it?

I wish I did. You should call customer service.

My phone apparently has many functions, but I don't know when to use them.

Same here. It's very confusing.

Look at the menu. It has many desserts.

I don't know which to choose. I wish I could eat all of them.

The Japanese restaurant in front of the station will be closed permanently.

I heard about that. It was quite shocking.

This oil painting is beautiful.

I know. It was [1] painted by one of the most famous artists in Japan.

Why are you so excited?

I just found out I had been accepted to Oxford University.

練習2 次の **会話** を英語にしていきましょう。

① タイラーに会ったことはある？　営業部の中で一番頼りになる人の1人だけど。

会ったことがあると思うよ。何で？

彼は来月辞める予定だから、私たちは代わりを探す必要があるって。

冗談でしょう？　それは、けっこう衝撃的だね。

② 嬉しそうには見えないね。何があったの？

サイトを作るように言われたんだけど、作り方を知らないんだよ。

僕も全くわからないよ。手伝うことができたらな。

大丈夫だよ。誰かに聞くね。

③ 何だって？！

驚かせないで（あなたは私を驚かしたよ）。何があったの？

ごめん。地元で大きな地震があったことを今発見したから。

本当？　あなたの家族に電話するべきだよ。

④ これを見て。あなたの部屋がこんなに散らかっているのが信じられないよ。

友人の1人が同じことを僕に言っていたよ。

あなたの服は至る所にあるし。どこに座ればいいのかわからないよ。

勘弁してよ。僕の部屋を掃除するための時間がないんだよ。

⑤ 彼女は不運にもテストに合格しなかったんだよ。

本気？　テストは簡単じゃなかったの？

見たところ、彼女には難しかったみたい。彼女に何と言えばいいのかわからないよ。

そのニュースが彼女にとってショッキング過ぎなかったことを望むよ。

■ 1. 今回のケースでは、It was <u>apparently</u> difficult for her. よりも自然に聞こえる。

Have you met Tyler? He's one of the most reliable people in the sales department.

I think I have met him. Why?

He'll quit next month, so we need to find a replacement.

Are you kidding? That's quite shocking.

You don't look happy. What happened?

I was told to make a website, but I don't know how to make one.

I have no idea, either. I wish I could help you.

That's all right. I'll ask someone.

What?!

You surprised me. What happened?

I'm sorry. I just found out there had been a big earthquake in my hometown.

Really? You should call your family.

Look at this! I can't believe how messy your room is.

One of my friends told me the same thing.

Your clothes are everywhere. I don't know where to sit.

Give me a break. I don't have time to clean up my room.

She unfortunately didn't pass the test.

Are you serious? Wasn't the test easy?

[1] Apparently, it was difficult for her. I don't know what to tell her.

I hope the news wasn't too shocking for her.

練習3 次の **コメント** を英語にしていきましょう。

① ちょっとした連絡があります。

私たちはフミカの昇進を祝うパーティーを来週行う予定です。

駅の近くの新しいイタリアンレストランで行われます。

もしそこへの行き方がわからない場合は、私に知らせてください。

② あなたは誰かの家に入る際、靴を脱ぎますか？

もしあなたが日本人なら、あなたの答えは「はい」でしょう。

しかし、それは他の国々では一般的ではありません。私はそれをアメリカに行った時に学びました。

私の友人たちが靴を脱がずに、私のアパートの部屋に入って来た時、私は衝撃を受けました。

③ 新しいディズニーの映画は全くもって素晴らしかったよ！

絶対に見るべきだよ、もしまだなら。

私が今まで見た映画の中で一番良かった映画の1つだね。

もうこれ以上は言わないよ。あなたに見てもらいたいから。

④ 緊急事態なんだよ。あなたの助けが必要で。

社長が来週ここに来る予定なのは知っていた？

彼は、我々の新しいプロジェクトについて知りたかったみたいなんだけど、何を彼に伝えればいいのかわからなくて。

私は彼に何を言うべきだと思う？

⑤ 今日のスマホの技術は私には少し怖いです。

なぜなら、私たちは、私たちのスマホで、かなりたくさんのことができるからです。

私の電話で支払ができることを学んだ時は衝撃を受けました。

多くの人にとってスマホなしの人生は、想像し難いでしょう。

I have a quick announcement.

We'll have a party to celebrate Fumika's promotion next week.

It'll be at the new Italian restaurant near the station.

If you don't know how to get there, please let me know.

Do you take off your shoes when you enter someone's home?

If you are Japanese, I'm sure your answer will be "yes."

But it's not common in other countries. I learned that when I went to America.

I was shocked when my friends entered my apartment without taking their shoes off.

The new Disney movie was absolutely great!

You should definitely see (watch) it if you haven't.

It was one of the best movies I've ever seen (watch).

I won't tell you any more because I want you to see (watch) it.

It's an emergency. I need your help.

Did you know the president would come here next week?

He wanted to know about our new project, but I don't know what to tell him.

What do you think I should tell him?

Today's smartphone technology is a little scary to me.

Because we can do so many things with our smartphones.

I was shocked when I learned I could make payments with my phone.

It'll be difficult for many people to imagine their lives without smartphones.

Scene 13 　賛辞

　英語の会話では、「褒める」ということが日常的に行われます。褒め言葉のバリエーションも多く、日本語の「素晴らしい」にあたる言葉だけでも great / amazing / wonderful / fabulous などがあります。日本人は「日常的に褒める」ということをあまりしないため、褒めるのが苦手な方も少なくないでしょう。

1 「服装」「髪型」など外見を褒めるケースは多い

　(もうすでに練習でも登場しましたが) 相手の「服装」「髪型」といった外見の変化に気づき I like your shirt. (Y シャツいいね) It looks nice on you. (似合っているよ) のように相手を褒めるというシーンは日常でよく目にします (I like 〜. というのは定番の形)。そこから I've never seen a shirt like that. (そのような Y シャツは見たことがないよ) Where did you get it? (どこで手に入れたの?) というように話を膨らませるのが定番です。

2 「誉め言葉」だけでなく「理由」も足そう

　プレゼンテーションや交渉などで上手くいった場合 It was great. (すばらしかったよ) や Congratulations! (おめでとう) だけで終わらせるのではなく You looked confident. (自信があるように見えたよ) I liked the way you introduced our new product. (私たちの新しい商品を紹介した方法が良かったね) など、細かい理由も足すことができると、相手に対する印象も変わります。また Weren't you nervous? (緊張していなかったの?)、How did you come up with that idea? (どうやってそのアイディアを思いついたの?) といった質問をすることで、話を広げることもできます。

また、料理・食事を褒める場合は It was very fresh. I wonder how they made it. (とても新鮮でした。どうやって作ったんだろう)、芸術作品などを褒める場合は It's beautiful. I'll never be able to draw something like this. (美しい。このように描くことは、私には絶対にできないだろうな) といった一言を足すと良いでしょう。

3 ここでも使える "one of 最上級 (＋複数形)"

今回も "one of 最上級 (＋複数形)" (〜で一番の 1 つ) という表現を使うことや、その後に I've ever 〜 (今まで〜した中で) や in my life (私の人生の中で) といったフレーズを足すことができます。

(例)

Your presentation was <u>one of the best</u> in the contest.

(あなたのプレゼンテーションはコンテストで最高のものの 1 つでした)

It was <u>one of the most amazing</u> shows <u>I've ever seen</u>.

(私が今まで見た中で一番素晴らしいショーの 1 つだったよ)

4 褒められたら、素直に "Thank you" が無難

また、相手に褒められた際は No, no と否定せず、素直に Thank you. といった感謝の言葉を述べるのが無難でしょう。また Thank you. の前や後に＊I'm flattered. (お世辞でも嬉しい) という表現を足すこともできますので、慣れてきたらぜひ使ってみてください！

■＊flatter ＝お世辞を言う。I'm flattered. の直訳は「お世辞を言われた」となる

練習1 次の **会話** を英語にしていきましょう。

① あなたの車、カッコ良いね。

　ありがとう。古いけど、気に入っているんだ。

② あなたのプレゼンテーションの最中、あなたは自信があるように見えたよ。

　本当？　ずっと緊張していたよ。

③ あなたのデザインは興味深いね。どうやって思いついたの？

　わかんないな。説明できたらいいんだけどな。

④ あなたは日本語を上手に話せるのですね。感動しました。

　ありがとう。お世辞でも嬉しいです。

⑤ スズカには会ったことはある？

　はい。彼女は将来有望な女性ですね。彼女と働くことを楽しみにしています。

⑥ あのレストランは、とても人気があるんだ。

　わかる。彼らは市で最高のハンバーガーの１つを提供するからね。

⑦ これは次の会議のためのプリントだよ。どう思う？

　よく整理されているね。気に入ったよ。

⑧ 今年の展示会はとても印象的だったね。

　わかる。とても美しかったよ。

⑨ あなたのネクタイいいね。似合っているよ。

　ありがとう。私の誕生日に父がくれたんだ。

⑩ あなたのスピーチは突出していました。コンテストで最高のスピーチの１つでした。

　お世辞でも嬉しいです。ありがとうございます。

Your car is cool.

Thank you. It's old, but I like it.

You looked confident during your presentation.

Really? I was nervous the whole time.

Your design is interesting. How did you come up with it?

I don't know. I wish I could explain it.

You can speak Japanese well. I was impressed.

Thank you. I'm flattered.

Have you met Suzuka?

Yes. She is a promising lady. I'm looking forward to working with her.

That restaurant is very popular.

I know. They serve one of the best hamburgers in the city.

This is a handout for the next meeting. What do you think?

It's well organized. I like it.

This year's exhibition was very impressive.

I know. It was very beautiful.

I like your tie. It looks nice on you.

Thank you. My father gave it to me for my birthday.

Your speech was outstanding. It was one of the best speeches in the contest.

I'm flattered. Thank you.

練習2 次の **会話** を英語にしていきましょう。

① ジェイソンはチームで最高のバスケ選手の 1 人だと聞いたよ。

　　彼が、本当？　それは知らなかったよ。

　　もし僕が彼と同じぐらい上手にプレーできたら、プロのチームの入団テストを受けるだろうな。

　　本気？　彼がそんなに上手にバスケができるようには見えないけど。

② 彼女は、ショーの中で、美しくピアノを弾きました。

　　私もそれを見ました。私はとても感動しました。

　　毎日どれくらいの間、彼女は練習するのだろうね。

　　それはいい質問だね。そんなこと考えたことなかったよ。

③ 散髪したんだね。似合っているよ。

　　ありがとう。望んだ長さよりも短いんだけど、まあそんなに悪くないのかな。

　　全く悪くないよ。いつも同じ美容室に行くの？

　　そんな感じ。なぜなら、妻がいつも散髪をしてくれるから。

④ このアパートの部屋は良いね。たくさん窓があるから、明るい。

　　僕のアパートの部屋より断然良いよ。もし私があなたなら、私は絶対ここに住むね。

　　駅にも近いし。僕なら、たぶん 5 分で着けるよ。

　　家賃は、いったいどれくらいなんだろう。

⑤ あなたの説明は、とても説得力がありました。

　　ありがとうございます。お世辞でも嬉しいです。

　　私は特にあなたがグラフを使った方法が気に入りました。どうやって思いついたのですか？

　　インターネットにありました。ウェブサイトを送りますよ。

I heard Jason was one of the best basketball players on the team.

Is he, really? I didn't know that.

If I could play as well as he could, I would try out for professional teams.

Are you serious? He doesn't look like he can play basketball that well.

She played the piano beautifully in the show.

I saw that, too. I was very impressed.

I wonder how long she practices every day.

That's a good question. I've never thought about that.

You got a haircut. It looks nice on you.

Thank you. It's shorter than what I wanted, but I guess it's not too bad.

It's not bad at all. Do you always go to the same hair salon?

Kind of (Sort of). Because my wife always gives me a haircut.

This apartment is good. It has many windows, so it's bright.

It's much better than my apartment. If I were you, I would definitely live here.

It's close to the station, too. Perhaps I can get there in 5 minutes.

I wonder how much the rent would be.

Your explanation was very convincing.

Thank you. I'm flattered

I especially liked the way you used the graph. How did you come up with it?

It was on the Internet. I'll send you the website.

練習3 次の **コメント** を英語にしていきましょう。

① ラスベガスへの旅行は素晴らしかったよ。

夢の中に住んでいたみたいだったね。

僕の人生で最高の旅行の1つだったよ。

あなたも私たちと行けたらよかったのに。

② あなたは日本語を流暢に話せますね。本当に驚きです。

私は10年より長く日本語を教えていますが、あなたほど上手に話せる生徒はそんなにいないです。

どうやって練習したのかなって思っていたんですよ。

どこで話すのを学んだのですか？　そして、どの教科書を使ったのですか？

③ 私をパーティーに招待してくれてありがとう。とても楽しめるものだったよ。

あなたが作ったスパゲッティーが特に気に入ったよ。

カフェテリアで先週食べたスパゲッティーより断然よかった。

もしあなたがレストランを開くなら、私は毎日行くだろうね。

④ エリカのエッセイをチェックして、素晴らしいと思いました。

私が今まで見てきた中で一番突出したエッセイの1つだと言わないといけないでしょう。

彼女の主張は、しっかりしていて、文法もほぼ完ぺきでした。

どこで彼女は書き方を学んだのでしょう。

⑤ スティーブがあなたの部署に異動になったって聞いたよ。

彼と働いたことはある？　彼は素晴らしい人だよ。

彼はかつて私の部署にいたので、私は彼をよく知っているんだ。

彼はユーモアがあるから、彼と働くのを楽しめるでしょう。

The trip to Las Vegas was great.

It was like living in a dream.

It was one of the best trips in my life.

I wish you could've gone with us.

You can speak Japanese fluently. I'm really surprised.

I've been teaching Japanese language for more than 10 years, but not that many students can speak as well as you can.

I was wondering how you had studied it.

Where did you learn how to speak it? And which textbooks did you use?

Thank you for inviting me to the party. It was very enjoyable.

I especially liked the spaghetti you made.

It was much better than the spaghetti I had at the cafeteria last week.

If you opened up a restaurant, I would go every day.

I checked Erika's essay, and I thought it was great.

I'll have to say it was one of the most outstanding essays I've ever seen.

Her claim was solid, and her grammar was almost perfect.

I wonder where she learned how to write.

I heard Steve had been transferred to your department.

Have you worked with him? He is a great person.

He used to be in my department, so I know him well.

He is humorous, so you will enjoy working with him.

意見

　ちょっとした日常会話でも「あなたはどう思う？」といったように、自分の意見を求められることはよくあります。多くの場合は、"I think 文" で OK ですが、それ以外にも意見を言う方法はたくさんあります。

1 控えめな意見を言う場合は、would を使う

　断定を避けて控えめな意見を言いたい場合は I would say ～ .（私なら～と言うかな）I would have to say ～ .（～と言わざるを得ないでしょ）We would have to ～（私たちは～しないといけないでしょ）などが使われます。

（例）

I would say it won't take longer than 10 minutes.
（私の意見では、10 分より長くはかからないかな）

I would have to say I need more time.
（私はもっと時間が必要だと言わざるを得ないでしょう）

　また say を入れず I would ～ .（私なら～するかな）と使うこともできます（仮定法過去の If I were you, を省略した形）。

（例）

A：My shipment is very delayed.（配送がとても遅れています）

B：I would call the store.（私ならお店に電話するね）

2 言いにくいことは I'm afraid ～など遠回しな表現で

　そして「言いにくいこと」については I'm afraid ～ .（残念ながら）、I hate to tell you (this), but ～（（これは）あなたに言いたくないんだけど～）といったフレーズを使って、遠回しに言うのがいいでしょう。

（例）

I'm afraid you aren't using the right data.

（残念ながらあなたは、正しいデータを使っていないね）

I hate to tell you this, but you didn't pass the exam.

（これはあなたに言いたくないんだけど、試験に合格しなかったよ）

3 言いにくいことは、形式主語の it を使っても表せる

遠回しな表現としては「形式主語の it」も使えます。基本の形は It ○○ for △△ to □□ （△△にとって□□するのは○○）。しかし、いつもこの形で使われるのではなく for △△ が省略されたり、助動詞が足されたり、いろいろな形に変化します。

（例）

It's difficult for me to say this, but you can't stay here.

（私には言うのが難しいんだけど、あなたはここにいられないんだ）

It would be too easy for you to win the game.

（あなたにとって、試合に勝つのはおそらく簡単すぎるでしょう）

It might be difficult to answer this question.

（この質問に答えるのは、もしかすると難しいかもしれません）

助動詞の推量の強さ

【強い】　　　　　　　　　【弱い】

will ＞ would ＞ may ＞ might

will ＝ 〜だろう

would ＝ おそらく〜だろう

may ＝ 〜かもしれない

might ＝ もしかすると〜かもしれない

練習1　次の **会話** を英語にしていきましょう。

① これを言うのは難しいんだけど、あなたはチームを去る必要があってね。

冗談を言っているの？　私はチームで最高の選手の1人だよ。

② 私たちの新しいプロジェクトについて、私たちは来週話すべき？

私なら、私たちはそのことについて明日話すべきだと言うかな。

③ あなたに言いたくないのですが、あなたのゴールは達成可能には思えないです。

もしあなたが私なら、どのような変更をしますか？

④ 何人の人がパーティーに来たの？

私なら、30人以上と言うかな。

⑤ 僕の自転車がなくなってしまって。どこに行ったんだろう。

誰かが盗んだんだと思うよ。私なら警察に電話するね。

⑥ 私は農家として働きたいです。

そうであれば、おそらく田舎の方があなたにとって仕事を得るのは簡単でしょう。

⑦ デザインAとデザインBのどちらを私たちは使うべきかな？

デザインAは美しいけど、デザインBと私は言わざるを得ないかな。なぜなら、テーマとマッチするからね。

⑧ あと5分、私たちがここに残ることはできる？

残念ながら、不可能だね。私たちは電車を捕まえる必要があるから。

⑨ 僕は東京に引っ越す計画を立てているんだ。どう思う？

私なら、それは良いアイディアと言うかな。

⑩ 私たちはスタジアムまで車で行くべき？

車で行けるけど、もしかすると時間内にそこに着くのは難しいかも。

It's difficult to say this, but you need to leave the team.

Are you kidding? I'm one of the best players on the team.

Should we talk about our new project next week?

I would say we should talk about it tomorrow.

I hate to tell you, but I don't think your goal is achievable.

If you were me, what changes would you make?

How many people came to the party?

I would say 30 people or more.

My bicycle is gone. I wonder where it went.

I think someone stole it. I would call the police.

I want to work as a farmer.

In that case, it would be easier for you to get a job in the countryside.

Which should we use, Design A or Design B?

Design A is beautiful, but I would have to say Design B because it matches with the theme.

Can we stay here for 5 more minutes?

I'm afraid it's impossible. We need to catch a train.

I'm planning to move to Tokyo. What do you think?

I would say that's a good idea.

Should we go to the stadium by car?

We can go by car, but it might be difficult to get there in time.

練習2 次の **会話** を英語にしていきましょう。

① 私の新しいジャケット、どう思う？

　　良いんだけど、私には少しカラフル過ぎるかな。どこで手に入れたの？

　　図書館の近くの古着屋さんで手に入れたんだ。行ったことはある？

　　いいや。図書館の近くに古着屋があることすら知らなかったよ。

② あなたに伝えるのは難しいのですが、あなたは企画部に異動になるでしょう。

　　本当ですか？　いつなのか知っていますか？

　　私は確かではないのですが、10月の初めですかね。

　　何ですって？　信じられないです。早すぎます。

③ 私たちはたくさんの食べ物を買う必要があるね。どこで買うべきだろう？

　　卸売店で買うことを考えていたよ。どう思う？

　　オンラインでそれらを買う方がいいかもよ。どのお店にも行かなくていいから。

　　それは良いアイディアだね。それは全く考えなかったよ。

TRACK 041

What do you think about my new jacket?

It's good, but it would be a little too colorful for me. Where did you get it?

I got it at the used clothing store near the library. Have you been there?

No. I didn't even know there was a used clothing store near the library.

It's difficult to tell you, but you'll be transferred to the planning department.

Really? Do you know when?

I'm not sure, but I would say at the beginning of October.

What? I can't believe it. It's too early.

We need to buy a lot of food. Where should we buy it?

I was thinking of buying it at a wholesale store. What do you think?

It may be better to buy it online because you don't have to go to any stores.

That's a good idea. I've never thought about that.

④ 私のエッセイはどうですか？

これを言うのは嫌ですが、トピックを勘違いしたように見えます。

本当ですか？　良くするために何をするべきですか？

残念ながら、やり直す必要があるでしょう。

⑤ 僕は駅に行く必要があるのですが、持っていくカバンが３つあります。

私ならタクシーに乗ります。バスの方が安いでしょうが、一番近いバス停は少し遠いですから。

同意します。タクシーに乗ったらいくらになるのでしょう。

1,000 円未満ですかね。だけど、確かではないです。

⑥ 日本語でメールを書いたんだ。ライティングをチェックしてくれる？

オーケー。私に送ってくれる？

コピーを持ってきたよ。これをチェックしてくれる？

あなたにこれを尋ねたくないんだけど、代わりにファイルを送ってくれる？　私のパソコンで訂正するほうがはるかに簡単だろうから。

How is my essay?

I hate to say this, but it looks like you misunderstood the topic.

Really? What should I do to make it better?

I'm afraid you'll need to start it over.

I need to go to the station, but I have three bags to take.

I would take a taxi. Taking a bus will be cheaper, but the nearest bus stop is a little far.

I agree. I wonder how much it will be if I take a taxi?

I would say less than 1,000 yen, but I'm not sure.

I wrote an email in Japanese. Can you check my writing?

OK. Can you send it to me?

I brought a copy. Can you check this one?

I hate to ask you this, but can you send me the file instead? It'll be much easier to correct it on my computer.

練習3 次の **コメント** を英語にしていきましょう。

① 今週末に博物館に行くって言った？

もしかすると来週末に行った方があなたにとってはいいかもよ。なぜなら、特別なイベントがあるって聞いたから。

何かは忘れちゃったんだけど、彼らのサイトで調べられるよ。

もしあなたの子供たちを連れていくのなら、来週末に行くのを確実にオススメするね。

② たくさんの人たちが仕事に応募し、彼らのうちの何人かは印象深いバックグラウンドを持っています。

私たちが彼ら全員を雇えたら良いのですが。

私たちには仕事の空きが1つしかないので、私たちはどうにかして決断を下さないといけないでしょう。

そして、これが私の質問です。どうやって決断を下しましょう？

③ 私なら、私たちは（私たちの）生徒たちにもっと宿題を出すべきだと言いますかね。

彼らは夏休みの間、たくさんの時間がありますので、これでは十分ではないでしょう。

もし彼らが宿題を早めに終わらせた場合、彼らは勉強するとは思えません。

私たちが中学校にいた時、まさにそうであったように。

TRACK 042

Did you say you would go to the museum this weekend?

It might be better for you to go next weekend because I heard there would be a special event.

I forgot what it was, but you can look it up on their website.

If you are taking your children, I would definitely recommend going next weekend.
Many people applied for the job, and some of them have really impressive backgrounds.

I wish we could hire all of them.

We have only one opening for the job, so we would have to make a decision somehow.

And here is my question; how will we make a decision?

I would say we should give more homework to our students.

They'll have a lot of time during the summer break, so this won't be enough.

If they finish their homework early, I don't think they'll study.

Just like how we used to be when we were in junior high school.

④ 私たちのプレゼンテーションは 30 分だろうと言いましたか？

私たちには 50 枚のスライドがあるので、時間内に終わらせるのは極めて難しいでしょう。

私たちは何枚かスライドを削除する必要があると言わざるを得ないでしょう。

あなたは、どう思いますか？　何かより良いアイディアはありますか？

⑤ 私たちは月曜日に日本に戻らないといけないの？

その場合、残念ながらパリに行く十分な時間はおそらく私たちにはないでしょう。

あなたがルーブル美術館を訪ねたいというのは知っているけど、私たちのスケジュールがきつすぎるね。

あなたにこれは言いたくないんだけど、おそらくパリに行くのは不可能だろうね。

⑥ 私があなたなら、私はあのテレビを買わないでしょう。なぜなら、大きすぎるからです。

あなたの部屋はそこまで大きくないので、そのための十分なスペースはおそらくないでしょう。

また、値段が高いです。本当にあのテレビに 10 万円払いたいですか？

お金の無駄だと思います。私ならもっと安いのを買います。

Did you say our presentation would be 30 minutes?

We have 50 slides, so it'll be extremely difficult to finish it in time.

I would have to say we need to delete some slides.

What do you think? Do you have any better ideas?

Do we have to go back to Japan on Monday?

In that case, I'm afraid we wouldn't have enough time to go to Paris.

I know you want to visit the Louvre Museum, but our schedule is too tight.

I hate to tell you this, but it would be impossible to go to Paris.

If I were you, I wouldn't buy that TV because it's too big.

Your room isn't that big, so there wouldn't be enough space for it.

It's also expensive. Do you really want to pay 100 thousand yen for that TV?

I think it's a waste of money. I would buy a cheaper one.

よく日本の学校では「依頼をする場合 Can you 〜 ?、丁寧な言い方は Would you 〜 ? / Could you 〜 ?」「許可を求める場合は Can I 〜 ?、丁寧な言い方は May I 〜 ?」と学ぶのですが、これら以外にも Would you do me a favor? (お願いがあるのですが) と話を切り出す方法や Do you mind if 〜 ? (もし私が〜したら気にする?(=〜してもいい?)) など、他の言い方もたくさんあります。

1 仮定法が丁寧な表現になる

英語では仮定法を使い「〜なら、ありがたいんだけど」といったように直接的な表現を避けること (現実から距離を置くこと) で、丁寧さを表すことができます。

(1) I would appreciate it if 〜 . =〜ならありがたいです。

(例) I would appreciate it if you could send it to me by Friday.
　　 (金曜日までにそれを私に送ってもらえるとありがたいです)

(2) Would you mind if I 〜 ? =もし私が〜したら気にしますか?

(例) Would you mind if I opened the window?
　　 (窓を開けたら気にしますか?(=窓を開けてもいいですか?))

また I was wondering 〜 . (〜でないかと考えていたんだけど) や I was hoping (that) 〜 . (〜と望んでいたんだけど) の形はよく使われます。この「仮定法+進行形」の形は「まだ考えている最中なんだけどね」という意味になり、より丁寧な表現となります。

(例) I was wondering if you could help me.
　　 (手伝ってもらえないかと考えていたんだけど)

　　 I was hoping you could take me to the station.
　　 (駅まで連れて行ってくれないかと望んでいたんだけど)

2 形式主語の it を使い直接的な言い方を避ける

　形式主語の it を使い「〜しても大丈夫？」のように、遠回しな言い方で丁寧さを表すこともできます。また、形式主語の it に仮定法を足すことで、より一層丁寧な表現にすることもできます。

> (1) [1]Is it [2]all right if 〜？＝〜しても大丈夫？
> 　　Would it be [2]all right if 〜？＝〜しても大丈夫でしょうか？

（例）

Is it all right if I stay here?（ここにいても大丈夫？）

Would it be all right if I stayed here?（ここにいても大丈夫でしょうか？）

> (2) [1]Is it possible for you to 〜？＝〜するのは可能？
> 　　Would it be possible for you to 〜？＝〜するのは可能でしょうか？

（例）

Is it possible for you to come here every Wednesday?
（ここに毎週水曜日に来ることは可能？）

Would it be possible for you to come here every Wednesday?
（ここに毎週水曜日に来ていただくのは可能でしょうか？）

> (3) It would be [3]great if you could 〜．＝ 〜なら素晴らしいです。

（例）

It would be great if you could finish this by next week.
（来週までにこれを終わらせてくれると素晴らしいです）

1. 未来のことについては Will it be 〜？の形も使われる。
2. all right 以外にも OK などを使うことができる。
3. great 以外にも wonderful/nice/better なども使うことができる。

練習1 次の **会話** を英語にしていきましょう。

① 木曜日にあなたのオフィスに行けないかと考えていたのですが。

ごめんなさい。残念ながら、来週は出張なのです。

② お願いがちょっとあるのですが。

何ですか？　一大事でないことを望みます。

③ この水曜日にあなたが市役所に行くことは可能？

そう思うよ。何をしてもらいたいの？

④ もし私があなたの車を今週末使ったら気にする？

全く。どこに行くの？

⑤ 明日駅まで連れて行ってくれるとありがたいんだけど。

オーケー。何時に出発したいの？

⑥ あなたのアイディアを社長に説明してくれることを望んでいたのですが。

社長に？　それは本当に驚きです。

⑦ もしあなたが私にスペイン語を教えてくれるなら素晴らしいのですが。

もちろんです。いつから始めたいですか？

⑧ あなたは、あの書類を3日で作り終わらせることは可能ですか？

残念ながらそれは不可能でしょう。終わらせるのに最低でも1週間は必要です。

⑨ 私があなたの机を使ったら気にしますか？

いいや。どうぞ。

⑩ 今私の教科書を買っても大丈夫でしょうか？

そう思います。ダメな理由が見当たらないです。

■ ＊「確実性の高い（近い）未来の出来事」は、進行形で表すことが多い。

I was wondering if I could go to your office on Thursday.

I'm sorry. I'm afraid I'll be on a business trip next week.

Would you do me a favor?

What is it? I hope it's not serious.

Will it be possible for you to go to City Hall this Wednesday?

I think so. What do you want me to do?

Do you mind if I use your car this weekend?

Not at all. Where *are you going?

I would appreciate it if you could take me to the station tomorrow.

OK. What time do you want to leave?

I was hoping you could explain your idea to the president.

To the president? That's really surprising.

It would be great if you could teach me Spanish.

Sure (Of course). When do you want to start?

Is it possible for you to finish making that document in three days?

I'm afraid it'll be impossible. I need at least a week to finish it.

Would you mind if I use your desk?

No, go ahead.

Would it be alright if I buy my textbook now?

I think so. I don't see why not.

練習2 次の **会話** を英語にしていきましょう。

① 会議の後に時間はある？

うん、だけど 6：30 にオフィスを出る必要があるよ。なんで？

私たちの次のプレゼンテーションについて話せないか考えていたんだけど。

そのことについて忘れていたよ。いつだったっけ？

② あなたの助けが必要で。ちょっと緊急事態なんだ。

何なの？

この辺りで手頃なホテルを探しているんだけど、全く見つけられなくて。見つけるのを手伝っていただけないかな？

もちろん。

③ 台湾でのあなたの経験についてのプレゼンテーションを行っていただくことは可能でしょうか？

はい。プレゼンテーションはどれくらいの長さであるべきですか？

45 分で終わらせられると素晴らしいです。

オーケーです。私には、プレゼンテーションの後に Q & A セッションがある予定ですか？

TRACK 044

Do you have time after the meeting?

Yes, but I need to leave the office at 6:30. Why?

I was wondering if we could talk about our next presentation.

I forgot about it. When is it again?

I need your help. It's a little bit of an emergency.

What is it?

I'm looking for a reasonable hotel around here, but I can't find any. Would you help me find one?

Sure (Of course).

Would it be possible for you to give a presentation on your experience in Taiwan?

Yes. How long should the presentation be?

It would be great if you could finish it in 45 minutes.

OK. Will I have a Q&A session after the presentation?

④ 私のメールを読んだ？昨晩あなたに送ったんだけど。

まだ私のメールを確認していないんだよ。何について？

私たちの新しいプロジェクトについてだよ。できる限り早く返信してくれると、ありがたいんだけど。

オーケー。私のオフィスに戻り次第、見てみるよ。

⑤ 私は来週イタリアにいるので、私のために会議に参加していただけないかと望んでいたのですが。

それは、何曜日かによりますね。月曜日から水曜日まで、私は中国にいる予定なので。

本当ですか？　火曜日の予定なので、あなたは日本にいないですね。

ごめんなさい。あなたを手伝えたらよかったのですが。

⑥ スポーツフェスティバルについて質問があるんだけど。

何？

家族を連れて行っても大丈夫？　息子が行きたいと言っているんだ。

大丈夫だと思うよ。ユイに聞いてみるね。なぜなら、彼女が責任者だから。

Did you read my email? I sent it to you last night.

I haven't checked my email yet. What is it about?

It's about our new project. I would appreciate it if you could reply to it as soon as possible.

OK. I'll take a look at it as soon as I get back to my office.

I'll be in Italy next week, so I was hoping you could attend the meeting for me.
It depends on which day it'll be because I'll be in China from Monday to Wednesday.

Really? It'll be on Tuesday, so you won't be in Japan.

I'm sorry. I wish I could help you.

I have a question about the sports festival.

What is it?

Will it be all right if I take my family? My son says he wants to go.

I think it'll be all right. I'll ask Yui because she's in charge.

練習3 次の コメント を英語にしていきましょう。

① やあ、ケンタ。お願いがあるんだけど。

今日僕の英語の教科書を持ってくるのを忘れちゃって、あなたのを使えないかと考えていたんだけど。

僕の英語の授業は次の時限だから、お昼前には返せると思う。

無くさないって約束するから、お願い。

② 私の娘は中学生で、彼女は英語を学ぶのに苦労しています。

基礎的な文法は理解しているのですが、難しくなってきていると言っています。

あなたが英語を教えられると聞いたので、彼女を指導していただけないかと考えていました。

1時間2,000円払います。どう思いますか？

③ 窓を閉めたら気にしますか？

ごめんなさい。この部屋が暑いのは知っているのですが、窓が開いていると、くしゃみが止まらなくて。

花粉症で、この季節はとても悪くなります。

マスクや目薬無しで生活できたらいいのですが。

TRACK 045

Hey, Kenta. Would you do me a favor?

I forgot to bring my English textbook today, so I was wondering if I could use yours.
I have my English class next period, so I think I'll be able to return it to you before noon.

I promise I won't lose it, so please.

My daughter is a junior high school student, and she's having a hard time learning English.
She understands the basic grammar, but she says it's getting difficult.
I heard you could teach English, so I was wondering if you could teach her.

I'll pay 2,000 yen per hour. What do you think?

Would you mind if I close the window?

I'm sorry. I know this room is hot, but I can't stop sneezing if the window is open.

I have hay fever, and it gets very bad during this season.

I wish I could live without masks or eye drops.

④ おはよう、スティーブ。緊急事態なんだよ。

僕が今朝コピー機を使っていたら、突然止まっちゃって。

修理しようとしたんだけど、できなかったんだ。

前回あなたが修理したから、ちょっと見てもらえないかと望んでいたんだけど。

⑤ ご存じの通り、私たちはスケジュールより少し遅れています。

発売日を変更するのは極めて困難なので、私たちはどうにかして追いつく必要があります。

あなたのせいではないことは知っているのですが、締め切り前にあなたのセクションを終わらせていただけるとありがたいです。

それは、大いに私たちを助けるでしょう。

⑥ 今週末あなたのカメラを借りても大丈夫？

友人たちと日光に行くことを予定していて。そこの紅葉が美しいって聞いたから。

私の電話にも良いカメラがついているんだけど、あなたのカメラの方が断然良いから。

あなたが気にしないことを望むよ。

料金受取人払郵便

牛込局承認

7026

差出有効期間
2022年4月26日
まで

（切手不要）

郵 便 は が き

162-8790

東京都新宿区
岩戸町12レベッカビル
ベレ出版

　　読者カード係　行

|||ılı·|||ıı||ıılı|ılıı·ı·ı·|ı·ı·|ı·|ı·|ı·|ı·|ı·|ı·|ı·|ı·|ı·|ı·|ı·|ı·ı·|ı·|ı·ıı|

お名前		年齢
ご住所　〒		
電話番号	性別	ご職業
メールアドレス		

個人情報は小社の読者サービス向上のために活用させていただきます。

ご購読ありがとうございました。ご意見、ご感想をお聞かせください。

● ご購入された書籍

● ご意見、ご感想

● 図書目録の送付を　　　☐ 希望する　　　☐ 希望しない

ご協力ありがとうございました。
小社の新刊などの情報が届くメールマガジンをご希望される方は、
小社ホームページ（https://www.beret.co.jp/）からご登録くださいませ。

Good morning, Steve. It's an emergency.

I was using the copying machine this morning, and it stopped all of a sudden.

I tried to fix it, but I couldn't.

You fixed it last time, so I was hoping you could take a look at it.

As you know, we are a little behind schedule.

It's extremely difficult to change the release date, so we need to catch up somehow.
I know it's not your fault, but I would appreciate it if you could finish your section before the deadline.

It would help us a lot.

Will it be all right if I borrow your camera this weekend?

I'm planning to go to Nikko with my friends because I heard the autumn leaves were beautiful there.

My phone has a good camera, but your camera is so much better.

I hope you don't mind.

言い換え・たとえ

　自分の意見をしっかり理解してもらいたい時、同じことを違う言葉を使って再度説明するといった「言い換え（パラフレーズ）」や、具体的な例を使って状況をイメージしやすくするといった「たとえ」がよく使われます。

1 言い換えの文は、まず「（英語に換えやすい）日本語」考えよう

　「英語の文を英語で言い換える」というのは、難度が高いため、まずは「英語の文を日本語の文に言い換える」というのがオススメです（最終的には英語に換えるので、できれば「**英語に換えやすい、簡単な日本語の文**」を考えましょう）。

（例）

The deadline is Monday.（月曜日が締め切りです）

→ あなたはそれを月曜日までに終わらせる必要があります。

→ それは月曜日までに終わっていないといけません。

→ 月曜日までに終わっていないと大変なことになります。

2 言い換えの簡単なやり方は「主語」を換える

　言い換えで一番簡単なのは「主語」を換えるというものです。これは「能動態 ⇔ 受動態」というのもありますが、主語の「私 ⇔ あなた」と換えるといったパターンもあります。

（例）

You need to finish it today.（あなたはそれを今日終わらせる必要がある）

→ It needs to be done today.（それは今日終わらせられる必要がある）

→ I need you to finish it before you go home today.

　　（今日あなたが帰宅する前に、それを終わらせてもらう必要がある）

　また、似た意味の単語をいくつか覚えておくと表現も単調にならずにすみます。例えば「重要」と言いたい際、いつも important を使うのではなく、significant / crucial / substantial なども使えると良いでしょう。

3　たとえは相手が「共感できるもの」「理解できるもの」を選ぼう

　たとえ話をする際は、相手が共感できるものや理解できるものを選ぶのがポイントです。例えば、大きくて速いフットボール選手を説明する際は「彼はキリンみたいだ」ではなく「彼はクマみたいだ」の方がしっくりきます（ちなみにキリンも足が速いらしいです（笑））。また、英文にする際には " 〜 like ○○ "（○○のように〜）の形がよく使われます。

（例）

He is like a bear.（彼はクマのようです）

Your room looks like a library.（あなたの部屋は図書館みたいだね）

4　修辞疑問を上手く使おう

　修辞疑問とは、相手の答えを求めるのではなく、強調などの目的であえて疑問文の形で述べる言い方です。例えば Nobody cares.（誰も気にしないよ）ではなく Who cares?（誰が気にするの？）といった形です。修辞疑問は英語ではよく使われる表現なので覚えておきましょう。

（例）

You should do it. → Why don't you do it?

（あなたはそれをするべきです → なぜあなたはそれをしないの？）

Don't do it. → How many times do I have to tell you not to do it?

（それをしてはダメです → してはダメと何回言わないといけないの？）

練習1 次の **会話** を英語にしていきましょう。

① ナオトはたくさんの難しい言葉を知っているよね。

わかる。彼は生き字引みたいだよ。

② エッセイの締め切り日はいつ？

明日だよ。違う言葉で言えば、我々は今日終わらせる必要があるね。

③ 彼は新しいおもちゃでは遊んでいないけど、誰が気にするの？

同感だね。彼が楽しんでいる限り、私は大丈夫だと思うよ。

④ 彼女は私の言うことを全く聞きません。うんざりだよ。

わかるよ。あなたにこんなこと言いたくないけど、彼女は時々子供のように振る舞うね。

⑤ 何で私たちはチームにもっと人が必要なの？

なぜいらないの？　人がいればいるほど、私たちは良いチームになるでしょう。

⑥ 彼女は決して微笑まない。彼女が何を考えているのかわからないよ。

私もそう思った。彼女はロボットみたいだよ。

⑦ あなたの教科書を持ってくるのを忘れたから、明日持ってくるよ。

私は今必要なの。何をあなたは言っているの？

⑧ あなたとマサルがお互い知っているとは知らなかったよ。

彼は、かつて私の近所に住んでいてね。私の弟みたいだったよ。

⑨ 私の息子は小さな怪獣みたいだよ。絶対に落ち着かないんだ。

私の息子も同じだったから、あなたがどう感じているか理解できるよ。

⑩ ごめんなさい。宿題をまだ終わらせていないんだ。

また？　宿題を終わらせるのが、あなたにはどうしてそんなに難しいの？

Naoto knows many difficult words.

I know. He's like a walking dictionary.

When is the deadline for the essay?

It's tomorrow. In other words, we need to finish it today.

He's not playing with the new toy, but who cares?

I agree. As long as he's having fun, I think it's all right.

She never listens to me. I'm fed up.

I know. I hate to tell you this, but she sometimes acts like a child.

Why do we need more people on the team?

Why not? The more people we have, the better team we'll be.

She never smiles. I don't know what she's thinking.

That's what I thought. She's like a robot.

I forgot to bring your textbook, so I'll bring it tomorrow.

I need it now. What are you talking about?

I didn't know you and Masaru knew each other.

He used to live in my neighborhood. He was like my younger brother.

My son is like a little monster. He never calms down.

My son was the same, so I understand how you feel.

I'm sorry. I haven't finished my homework yet.

Again? Why is it so difficult for you to finish your homework?

練習2 次の **会話** を英語にしていきましょう。

① それらは何？　宝くじ？

その通り。私の幸運を祈ってよ。

あなたは、もうすでにお金持ちじゃん。なんでもっとお金が欲しいの？

誰が欲しがらないの？　もっとお金を持っていたら、あなたの人生はより良くなるだろうと思わない？

② この地域では知らない人たちの前で財布を開けるべきではないよ。

なぜダメなの？　理解できないよ。

なぜなら、危険すぎるからだよ。泥棒たちにあなたのお金を盗んでと言っているようなものだよ。

本当？　この場所は、どれだけ危険なんですか？

③ 社長からのメールは読んだ？

うん。とても長かったね。読むのに最低でも 10 分はかかったよ。

彼のメールはいつも長いよ。エッセイみたいだね。

1 通のメールを書くのに彼はいったいどれくらいの時間をかけているのだろう。

TRACK 047

What are those? Are they lottery tickets?

That's right. Wish me luck.

You're already rich. Why do you want more money?

Who doesn't? Don't you think your life would be better if you had more money?

You shouldn't open your wallet in front of strangers in this area.

Why not? I don't understand.

Because it's too dangerous. It's like telling robbers to steal your money.

Really? How dangerous is this place?

Did you read the email from the president?

Yes. It was very long. It took me at least 10 minutes to read it.

His emails are always long. They're like essays.

I wonder how long it usually takes for him to write an email.

④ まだ 7：30 だよ。どこに行くの？

仕事に行くんだよ。あるものを火曜日までに終わらせる必要があってね。

本当に？　Tシャツとジーンズを着ているけど。デートか何かに行くように見えるよ。

今日は日曜日だから、問題になるだろうとは思わないよ。

⑤ トムはまた遅刻だ。何時に彼がたいてい仕事に来るか知っている？

どうやって私が知るというの？　だけど、仕事に来るのに約2時間かかるって言っていたね。

おそらく彼が新しい住まいをこの近くで探し始める時なのでしょう。

かもね。次回彼を見かけた時に伝えておきます。

⑥ 悪い日を過ごしているように見えるよ。何があったの？

今朝重要な会議が上司とあったんだけど、私のパソコンを持って来るのを完全に忘れていてね。

なるほど。上司は何て言っていたの？

彼女は心配しないでと私に言ってくれたんだけど、彼女が本当にそう思っていたかは確かではないよ。

■ *「確実性の高い（近い）未来の出来事」は、進行形で表すことが多い。

It's only 7:30. Where are you going?

*I'm going to work. I need to finish something by Tuesday.

Really? You're wearing a T-shirt and jeans. You look like *you're going on a date or something.

Today's Sunday, so I don't think it'll be a problem.

Tom is late again. Do you know what time he usually comes to work?
How would I know? But he was saying it took about two hours to come to work.

Perhaps it's time for him to look for a new living place near here.

I guess (Maybe). I'll tell him when I see him next time.

You look like you're having a bad day. What happened?

I had an important meeting with my boss this morning, but I completely forgot to bring my computer.

I see. What did your boss say?

She told me not to worry, but I'm not sure if she really meant it.

練習3 次の コメント を英語にしていきましょう。

① あなたの部屋が、また散らかっているよ。

何回私はあなたの部屋を片付けなさいとあなたに言わないといけないの？

今すぐ掃除を始めなさい、さもないとあなたのテレビゲームを全て捨てるからね。

これが最後のチャンスだよ。わかった？

② あなたは緊張しているって聞いたよ、来週出張でフランスに行く予定だから。

何でヨウコと話さないの？　彼女は毎年夏にフランスに行っているよ。

彼女はフランスの専門家みたいだよ。彼女のオフィスはどこだか知っている？

3階だよ。簡単に見つけられるでしょう。

③ 先週スーパーで偶然クリスに会ったんだ。

私たちが高校にいた時より、すごく変わって見えたよ。

彼は、けっこう体重が増えていてね。

とても衝撃的だったよ。だって、彼は私にとってスーパースターみたいだったから。

😊》 TRACK 048

Your room is messy again.

How many times do I have to tell you to clean up your room?

Start cleaning it up now, or I'll throw away all of your video games.

This is your last chance. Do you understand?

I heard you were nervous because you will go to France on a business trip next week.

Why don't you talk with Yoko? She goes to France every summer.

She's like an expert on France. Do you know where her office is?

It's on the 3rd floor. You'll be able to find it easily.

I ran into Chris at the supermarket last week.

He looked so different from when we were in high school.

He gained a lot of weight.

It was very shocking because he was like a superstar to me.

④ あなたたちは、（あなたたちの）教科書を来週持ってくる必要があります。

まだ買っていない場合は、できる限り早く買ってください。

ここの近くでは買えないかもしれないので、オンラインで買う必要があるかもしれません。

繰り返しますが、来週（あなたたちの）教科書を忘れずに持ってきてください。

⑤ テクノロジーは、とても速く進化しています。

理由の１つは広範囲に渡るインターネットへのアクセスだと思います。

私たちは、インターネットから膨大な量の情報を得ることができます。

100年前、何人の人がそれを想像できたでしょう？　ある意味で、少し恐ろしく思えます。

⑥ オーストラリアで仕事を得ました。とてもワクワクしています。

私は高校の時に初めてオーストラリアに行きました。

私の人生の中で最も思い出深い経験の１つです。

私は、オーストラリアで働きたいと、それ以降ずっと思っていたので、夢が叶ったようです。

You'll need to bring your textbooks next week.

If you haven't bought one yet, please buy one as soon as possible.

You may not be able to buy one near here, so you may need to buy one online.

Again, please don't forget to bring your textbooks next week.

Technology is advancing very quickly.

I think one of the reasons is the widespread access to the Internet.

We can get enormous amount of information on the Internet.

How many people could imagine that 100 years ago? It's a little scary in a sense.

I got a job in Australia. I'm very excited.

I went to Australia for the first time when I was in high school.

It was one of the most memorable experiences in my life.

I've always wanted to work in Australia since then, so it's like my dream come true.

相談

「仕事に関する心配事」「友人関係に関する悩み」など「相談する・相談される」というのは様々な場面で登場します。

1 相談に乗ってもらう際は、相手に「感謝」の気持ちを

相談に乗ってもらう際は「相手は忙しいにもかかわらず、自分の話を聞くために時間を作ってくれた」という気持ちを忘れずに。会った際や別れ際に Thank you for your time.（お時間ありがとうございました）といった表現でしっかり感謝を伝えましょう。

2 相談内容を内緒にしてもらいたい場合は、口止めも

相談相手によっては「悪気なく相談内容を他の人に話してしまう」という場合があります。話されてしまってからでは、時すでに遅し。そのため、もし相談内容を秘密にしてもらいたい場合は、以下のようなフレーズで予め口止めをしておきましょう。

(1) Don't tell anyone.（誰にも言わないでね）

（例）This is a secret, so don't tell anyone.
（これは秘密だから、誰にも言わないでね）

(2) 〜 (just) between you and me.（あなたと私（だけ）の間）

（例）I'll tell you the reason, but this is just between you and me.
（理由を言うけど、これはあなたと私だけの間だからね）

(3) off the record.（オフレコ）

（例）This is off the record, but you may be promoted next year.
（これはオフレコだけど、あなたは来年昇進するかもしれません）

3 相談を受ける時は「共感」「相手の話を遮らない」が基本

　相談を受ける際は、どんなに相談相手の主張が間違っていると思えても、まずは「共感」してあげるのが大切です。そのため「共感を表す一言」や「話を促す一言」を加えながら話を聞くのがいいでしょう。

よく使われるフレーズ

	フレーズ	意味
1	You're right. That's right.	あなたの言っていることは正しい それは正しい
2	I understand.	理解しているよ
3	I'm sorry to hear 〜 .	〜を聞いて残念に思うよ / 〜を聞いて気の毒に思うよ
4	That is unfortunate.	それは、不運だ

　そして、相手の話が一通り終わるまで待ちましょう。相手が話し終える前に自分の経験談などを話し始める方がいますが、それは下手すると逆効果。自分の話は相手の話がひと段落してからにしましょう。

4 アドバイスをする際は、少し遠回しな言い方で

　そして相手にアドバイスをする際は should / need / have to と言った直接的な表現もあるのですが「形式主語の it」や would などを使い、間接的な（柔らかい）表現の方が好まれる場合も多いです。

（例）

It might be better if you finish this first.

（もしかすると、最初にこれを終わらせるのが良いかもしれません）

If I were you, I would take that job.

（もし私があなたなら、私はその仕事を取るだろうね）

練習1　次の **会話** を英語にしていきましょう。

① テストに合格しなかったんだ。

　本当？それを聞いて残念に思うよ。

② おはよう、ジム。今日は時間を作ってくれてありがとう。

　問題ないよ。それで、何が起きたの？

③ オフレコだけど、3月に私の仕事を辞めることを計画しているんだ。

　実は、そう言うんじゃないかという感じはしていたんだ。

④ 私は来月仕事の面接がある予定なんだけど、どう準備をしたらいい
　のかわからなくて。
　もし私があなたなら、彼らのウェブサイトを見て、会社にどんな貢
　献ができるだろうか考えるね。

⑤ 私たちは、彼らの給料を5%減らす必要があるかもしれません。

　まだ確定ではないので、あなたと私だけの間にしておきましょう。

⑥ 私の家族についてあなたに言ったけど、誰にも言わないでね。秘密
　にしておきたいから。

　オーケー。誰にも言わないことを約束するよ。

⑦ 彼とこれ以上一緒に働けるとは思えないよ。

　あなたがどう感じているか理解できるよ。なぜなら、彼はずいぶん
　前に私の部署にいたからね。

⑧ 私は激怒していたから、ドアを思いっきり閉めてオフィスを出たよ。

　私も同じことをしていたと思うよ。

⑨ 毎日娘に電話をするんだけど、絶対に私の電話に出ないね。

　もしかすると彼女に電話をするのを止めた方がいいんじゃない。

⑩ 何人かの人は私のことをネット上で批判していてね。

　信じられない。どうやって見つけ出したの？

 TRACK 049

I didn't pass the test.

Really? I'm sorry to hear that.

Good morning, Jim. Thank you for your time today.

No problem. So, what happened?

It's off the record, but I'm planning to quit my job in March.

I actually had a feeling you might say that.

I'll have a job interview next month, but I don't know how to prepare for it.
If I were you, I would check their website and think about what contribution I would be able to make to the company.

We may need to reduce their salaries by 5%.

It's not finalized yet, so let's keep it just between you and me.

I told you about my family, but don't tell anyone because I want to keep it secret.

OK. I promise I won't tell anyone.

I don't think I can work with him anymore.

I understand how you feel because he was in my department a long time ago.

I was furious, so I slammed the door and left the office.

I think I would've done the same thing.

I call my daughter every day, but she never answers (picks up) my call.

It might be better if you stop calling her.

Some people are criticizing me on the Internet.

I can't believe it. How did you find out?

練習2 次の **会話** を英語にしていきましょう。

① 先週、彼女と別れたんだ。

それを聞いて気の毒に思うよ。理由は何だったの？

わからない。彼女は、僕は知っているはずだと言っていたんだけど、全くわからなくて。

私の前の彼も私を振る時に同じことを言っていたよ。

② 私の心配事を聴いてくれてありがとう。ずいぶん気分が良くなったよ。

どういたしまして。あなたを助けることができてよかったよ。

今度、昼食をおごるよ。

本当？　楽しみにしているよ。

③ あなたの腕に何が起きたの？

3日前に車にぶつけられて、腕を折ったんだ。

それは不運だったね。完全に回復するのにどれくらいかかる予定なの？

医者は約1か月って言っていたよ。長い1か月になるだろうね。

TRACK 050

I broke up with my girlfriend last week.

I'm sorry to hear that. What was the reason?

I don't know. She said I should've known, but I have no idea.

My ex-boyfriend told me the same thing when he dumped me.

Thank you for listening to my concerns. I feel much better.

You're welcome. I'm glad I could help you.

I'll buy you lunch next time.

Really? I'll be looking forward to it.

What happened to your arm?

I got hit by a car three days ago and broke my arm.

That's unfortunate. How long will it take to fully recover?

The doctor said about a month. It'll be a long month.

④ 私はカナダで大学に行きたいんだけど、どの大学に応募したらいいかわからなくて。

何を専攻するか、決まっているの？

まだだよ。なんで？

もしかすると何を大学で学ぶつもりなのかを最初に決めたほうがいいかもよ。

⑤ あなたが私に会いたがっているって聞いたよ。どうしたの？

あなたが会社を近いうちに去ると聞いたんだよ。それは本当？

ありえない。それは嘘だね。そのようなこと一度も言ったことがないよ。

私もそう思った。ただの噂でほっとしたよ。

⑥ セーラは今朝ひどく動揺していたね。何が起きたか知っている？

何が起きたかあなたに教えてあげるよ。だけど、これはあなたと私だけの間にしましょう。

私を信頼して。誰にも言わないから。

オーケー。彼女は、来月違う支店に転勤することを告げられたんだよ。

I want to go to college in Canada, but I don't know which college to apply to.

Have you decided what you will major in?

Not yet. Why?

It might be better to decide what you will study in college first.

I heard you wanted to see me. What's the matter?

I heard you would leave the company soon. Is it true?

No way. That's a lie. I've never said anything like that.

That's what I thought. I'm glad it's just a rumor.

Sarah was terribly upset this morning. Do you know what happened?
I'll tell you what happened, but let's keep this just between you and me.

Trust me. I won't tell anyone.

OK. She was told she would be transferred to a different branch office next month.

練習3 次の コメント を英語にしていきましょう。

① 私たちは、特別なゲストを来週迎える予定なんだよ。

オフレコだけど、特別なゲストは日本で最も有名な一企業の社長だろうと聞いたよ。

彼は、彼のマーケット戦略についてのスピーチを私たちにしてくれる予定でね。

興味深いトピックだから、たくさんの人が来てくれることを望むよ。

② もし日本語力を向上させたいのなら、あなたの練習をあなたの好きなことにつなげるべきだよ。

例えば、もし読むのが好きなのであれば、日本語で書かれている本をあなたは読むべきだね。

もし歌うのが好きなのであれば、日本語の歌を歌う練習をするべきだよ。

日本語を練習するにはたくさんの違う方法があるから、それを心に留めておいて。

③ あなたの入試について聞いて、残念に思うよ。

合格できなかったのが信じられないよ。試験は、そんなに難しかったの？

大丈夫だと思っていたよ。なぜなら、熱心に勉強していたから。

まあ、明るい面を見て。あなたには、また別の１年があるから、もっと良い学校に出願できるよ。

TRACK 051

We will have a special guest next week.

It's off the record, but I heard the special guest would be the president of one of the most famous companies in Japan.

He'll give us a speech on his marketing strategies.

It's an interesting topic, so I hope many people will come.

If you want to improve your Japanese language skills, you should connect your practice with what you like to do.
For example, if you like to read, you should read books written in Japanese.

If you like to sing, you should practice singing Japanese songs.

There're many different ways to practice Japanese language, so keep that in mind.

I'm sorry to hear about your entrance exam.

I can't believe you couldn't pass it. Was the exam that difficult?

I thought you would be all right because you were studying hard.

Well, look at the bright side. You'll have another year, so you'll be able to apply to a better school.

④ 最後に、私たちの次の会議の日程を決める必要があります。

私たちは、たいてい月例会を毎月第 2 水曜日に行っています。

しかし、ひょっとすると次回の会議は第 3 水曜日に行った方がいいかもしれません。なぜなら、第 2 水曜日がバレンタインデーになるからです。

たぶん、みなさんの中の何名かは、バレンタインデーに会議を行っても気にしないと思いますが、どう思いますか？

⑤ マイクを私たちのチームに迎えるのは良いアイディアだとは思いません。

彼は良い人ですが、彼は締め切りを守るのが得意ではないように見えます。

もしかすると、代わりにアリスを入れた方が良いかも知れません。彼女は静かですが、絶対に文句は言いません、少なくとも私の前では。

彼女はマイクより経験も豊富なので、私ならアリスを選ぶでしょう。

⑥ 今日はお時間ありがとうございます。

メールで説明した通り、私たちは、私たちの出張のスケジュールを決める必要があります。

私たちは、京都、大阪、兵庫を 2 日間で行かないといけない予定ですが、どうやってするべきだと思いますか？

いくつかのプランを思いついてはいるのですが、いくらかアドバイスをいただけると大変ありがたいです。

Finally, we need to decide the date of our next meeting.

We usually have our monthly meeting on the 2nd Wednesday of each month.

But it might be better if we have our next meeting on the 3rd Wednesday because the 2nd Wednesday is Valentine's Day.

Perhaps some of you don't mind having a meeting on Valentine's Day, but what do you think?

I don't think it's a good idea to have Mike on our team.

I know he's a good person, but it seems he's not good at keeping deadlines.

It might be better to have Alice instead. She's quiet, but she never complains, at least in front of me.

She also has more experience than Mike, so I would choose Alice.

Thank you for your time today.

As I explained in the email, we need to decide the schedule for our business trip.

We will have to go to Kyoto, Osaka, and Hyogo in two days, but how do you think we should do it?

I've come up with some plans, but I would appreciate it if you could give me some advice.

順序立て・要約

　長い話や複雑な話をする際は「相手がしっかり理解できる話し方」というのが求められます。具体的には「わかりにくい表現は使わない」「話しを順序立てて話す」「話の要約を最後に足す」といった点に注意するといいでしょう。

1 「使い慣れていない表現」「わかりにくい表現」は使わない

　相手の理解を最優先として話す際は、自分の知っている単語や言い回しを使うのが良いでしょう。あまり使ったことのない表現や複雑な言い回しは、相手に理解されない可能性も出てきますので、なるべく避けましょう。「難しい日本語」「日本語ならではの表現」などを英語にする場合は、まず「簡単な日本語」「英語に翻訳しやすい日本語」に置き換えてから英語にすることを心がけましょう。

（例）

「抜本的な教育改革が求められていると言わざるを得ない」

→　我々は教育システムを改善する必要がある。

　　We need to improve our educational system.

2 結論が最初。その後は序数などを使って順序立てて話す

　英語では基本的に結論から話します。また、複数ある理由や例について話す場合は、序数（First, Second, Third など）や First of all / Then / Finally などのフレーズを使い順序立てて話すことが多いです。そして、話がとぶの（2つ目の理由を説明している際に、1つ目の理由に戻ったり、3つ目の理由を先に説明したりするなど）は、混乱の原因にもなりますので、なるべく避けましょう。

3 要約は、話の区切りの良いところで入れる

　自分の話が長くなる場合は、ところどころで要約を入れることで相手の理解を促していきましょう。また、相手の話を聞く際も「自分の理解の確認」と「相手に自分がしっかり理解できていることを伝える」ために、区切りの良いところで相手の話の要約を入れると良いでしょう。

よく使われるフレーズ

	フレーズ	意味
1	Let me summarize ¹it.	まとめさせてください
2	Let me make ¹it clear.	はっきりさせてください
3	The point is ²that 〜 .	ポイントは、〜
4	What I'm saying is ²that 〜 .	何を私が言っているのかと言うと、〜
5	Are you saying 〜 ?	あなたは、〜と言っているのですか？
6	Does ³that mean 〜 ? Do you mean 〜 ?	〜 という意味（こと）ですか？

1. it の代わりに this/that/my points といった単語やフレーズもよく使われる。
2. 接続詞の that なので省略可能。
3. that ではなく it が使われることもある。またスピーチの時に自分に投げかける質問として使われることもある。

（例）

Let me summarize it. Our next meeting will be on July 10th.
（まとめさせてください。我々の次の会議は 7 月 10 日になる予定です）

The point is that we have to finish everything this month.
（ポイントは、私たちは全てを今月終わらせないといけないということです）

Are you saying this is our homework?
（あなたは、これは私たちの宿題だと言っているのですか？）

① はっきりさせてください。まず、私たちはホテルでチェックインします。その後、私たちは夕食に出かけます。

何時に我々はチェックインできるのですか？

② ポイントは、私たちは浅草を訪ねられないだろうということです。

それは不運ですが、仕方がないですね。

③ あなたは私のアイディアに反対だと言っているの？

いや。私たちは、そんなに急いで決断を下さないでもいいと私は言っているんだよ。

④ 彼女は、最低でもあと1年は石川に留まると思うよ。

それは、彼女が東京で仕事を得られなかったという意味？

⑤ このコピー機の使い方がわからないです。

まず、あなたのID番号をタイプします。その後、あなたの原稿をガラスの上に置きカバーを閉めます。最後にスタートボタンを押します。

⑥ 私たちはここでは何も飲むことが許されないと言ったのですか？

正確には違います。少し紛らわしいので、もう一度説明します。

⑦ ポイントは、今手術を受けるのはリスクが高過ぎるということです。

何かリスクを下げる方法はないのですか？

⑧ 私たちにはもうお金がないよ。

それは、これが私たちの最後のチャンスになるだろうってこと？

⑨ プレゼンテーションが終わるまで私はどこにも行けないとあなたは言っているの？

まさにその通りだよ。

⑩ あなたのポイントは理解しているけど、何を私が言っているかと言うと、この変更は何も違いを生まないだろうということ。

なぜそう言えるの？　試さない限り、わからないでしょ。

Let me make it clear. First, we check in at the hotel. Then, we go out for dinner.

What time can we check in?

The point is that we won't be able to visit Asakusa.

That's unfortunate, but it can't be helped.

Are you saying you are against my idea?

No. I'm saying we don't have to make a decision so quickly.

I think she'll stay in Ishikawa for at least one more year.

Does it mean she couldn't get a job in Tokyo?

I don't know how to use this copying machine.

First, type your ID number. Then, put your document on the glass and close the cover. Finally, press the start button.

Did you say we weren't allowed to drink anything here?

Not exactly. It's a little confusing, so I'll explain it again.

The point is that it's too risky to have the surgery now.

Are there any ways to reduce the risk?

We don't have any more money.

Does it mean this will be our last chance?

Are you saying I can't go anywhere until the presentation is over?

That's exactly right.

I understand your point, but what I'm saying is that this change won't make any difference.

How can you say that? You'll never know unless you try it.

練習2 次の **会話** を英語にしていきましょう。

① 私たちはあのテレビを買えるかと思っていたけど、高すぎるね。

　それは、私たちが買うのを諦める必要があるって意味？

　いや。それは、私たちが違う店に行く必要があるって意味だよ。

　なるほど。どのお店に私たちは行くの？

② あなたに言いたくないんだけど、今日仕事を早めに上がるのは極めて難しくなりそうで。

　私たちは今晩映画に行けないって言っているの？

　残念ながら、その通りだよ。ごめんね。埋め合わせするから。

　心配しないで。あなたの状況は理解しているから。

③ どうやってそのソフトウェアをダウンロードするか教えてくれる？

　もちろん。まず、彼らのウェブサイトに行ってあなたのアカウントを作って。

　オーケー。それはできると思うな。

　2番目に、ソフトウェアを買って。そうすると、ダウンロードし始めるよ。

■ ＊＊「確実性の高い（近い）未来の出来事」は、進行形で表すことが多い。

TRACK 053

I thought we could buy that TV, but it's too expensive.

Does that mean we need to give up on buying it?

No. It means we need to go to a different store.

I see. Which store *are we going to?

I hate to tell you, but it'll be extremely difficult for me to get off work early today.

Are you saying we can't go to the movie tonight?

I'm afraid that's right. I'm sorry. I'll make it up to you.

Don't worry. I understand your situation.

Can you tell me how to download that software?

Sure (Of course). First, you need to go to their website and make your account.

OK. I think I can do that.

Second, buy the software. Then, it'll start downloading.

④ 新しいパソコンを買うポイントは何ですか？

ごめんなさい。あなたの質問が理解できないです。

言い直させて。私たちはすでに3台パソコンを持っています。なぜ、もう一台必要なのですか。

なるほど。それは、私たちのパソコンがとても遅いからです。

⑤ 私たちは、まず我々の上司に我々の提案書を見せるべきです。

私たちには、そのための時間はないです。できる限り早く提出する必要がありますから。

わかっています。しかし、何を私が言っているのかと言いますと、もし我々の上司が反対なのであれば、私たちはどっちみちできないだろうということです。

あなたの言う通りですね。いいでしょう。この午後彼女に見せます。

⑥ あなたの発表はとても興味深かったです。日本の文化について学べてよかったです。

ありがとうございます。お世辞でも嬉しいです。

「本音と建て前」という概念について言及されましたね。もう一度説明していただけますか？

オーケー。紛らわしいですので、はっきりさせてください。

168

* 「理解できない」には、don't / can't understand がある。don't は説明不足などが理由でわかっていない場合。can't は複雑な数学の問題など何回説明されても理解する能力がない場合。

What is the point of buying a new computer?

I'm sorry. I *don't understand your question.

Let me rephrase it. We already have three computers. Why do we need another one?

I see. It's because our computers are very slow.

We should show our proposal to our boss first.

We don't have time for that. We need to submit it as soon as possible.
I know, but what I'm saying is that if our boss is against it, we won't be able to do it anyway.

You're right. Fine. I'll show it to her this afternoon.

Your presentation was very interesting. I'm glad to learn about Japanese culture.

Thank you. I'm flattered.

You mentioned the concept of honne and tatemae. Would you explain it again?

OK. It's confusing, so let me make it clear.

練習3 次の **コメント** を英語にしていきましょう。

① あなたは２つのメールアカウントをもらうでしょう。

１つはあなた自身のメールアカウント、そしてもう１つが共有メールアカウントです。

共有メールアカウントからはメールを送ることはできません。なぜなら、メールを受信するためだけのものだからです。

はっきりさせてください。もしメールを書きたい場合は、いつもあなた自身のメールアカウントを使う必要があります。

② このデータの分析にはたくさんの時間がかかるのは知っていますが、こちらが私のポイントです。

もし、私たちが今週終わらせることができれば、来週は何もしなくてよくなります。

そして、ただ毎日１時間余計に働くだけで、私たちはそれを達成することができるでしょう。

難しく聞こえるかもしれませんが、不可能ではないです。

③ みなさんのほとんどが日本でのバスの乗り方を理解していないみたいなので、もう一度説明させてください。

最初に、バスに乗ってドアのそばの小さな機械からチケットを取ります。

２番目に、あなたの停留所が近づいてきたら、壁についているボタンの１つを押します。

最後に、降りる時に、あなたのチケットと運賃を運転手の横の箱に入れます。

☺))) TRACK 054

You'll get two email accounts.

One is your own email account, and the other one is a shared email account.

You can't send emails from the shared email account because it's only for receiving emails.

Let me make it clear. If you want to write emails, you always need to use your own email account.

I know analyzing this data will take a lot of time, but here's my point.

If we can finish it this week, we won't have to do anything next week.

And we'll be able to achieve it just by working one extra hour every day.

It may sound difficult, but it's not impossible.

It seems most of you don't understand how to ride a bus in Japan, so let me explain it again.

First, you get on the bus and take a ticket from a small machine by the door.

Second, when your stop is approaching, press one of the buttons on the wall.

Finally, when you get off, put your ticket and fare into the box next to the driver.

④ おめでとう、あなたにとって最初の仕事を得られて。

人々はあなたのことを今後は大人と考えるでしょう。

それは、あなたが両親の言うことをもう聞かなくてもいいという意味か？

いいえ。それは、あなた自身の行動についてあなたが責任を取らないといけないという意味です。

⑤ 長い紹介だったので、キーポイントをまとめさせてください。

我々の革靴は他の革靴とは全く違います。なぜか？

なぜなら、スニーカーと同じぐらい柔軟性があるからです。加えて、とても丈夫です。

少し高いですが、値段の価値はあります。

⑥ 我々のカスタマーサービスについての議論はやめましょう。

これは重要なトピックなのはわかっていますが、残念ながら私たちは、前のトピックに戻る必要があります。

ポイントは、私たちは我々の新しい商品の名前を決めるためにここにいるということ。他のトピックを議論するためではないということ。

なので、我々のカスタマーサービスについてはまた別の時に話しましょう。

Congratulations on getting your first job.

People will consider you as an adult from now on.

Does that mean you don't have to listen to your parents anymore?

No. It means you have to take responsibility for your own actions.

It was a long introduction, so let me summarize the key points.

Our leather shoes are totally different from other leather shoes. Why?

Because they are as flexible as sneakers. In addition, they're very strong.

They're a little expensive, but they're worth the price.

Let's stop the discussion on our customer service.

I know it's an important topic, but I'm afraid we need to go back to the previous topic.

The point is that we're here to decide the name of our new product, not to discuss other topics.

So let's talk about our customer service some other time.

Scene 19 弁護

　自分の取った行動の理由や正当性を主張するというのは、様々な場面で登場します。違う言葉で言えば「自己弁護」。アメリカの学校では、ディスカッションやディベートなどを通じて「自分の意見を言い、その正当性を主張する」といった練習を日頃から行っているため、この「自己弁護」の技術が高い印象があります。一方、日本人は自己弁護の練習をあまり学校などでは行わないため、苦手な方が多い印象があります。

1 I'm sorry. などの謝罪の言葉には要注意

　英語で謝罪を表す I'm sorry. というフレーズは「本当に自分が悪かった」と思う時に使われることが多いため、I'm sorry. と言った時点で「自分の非を認めた」と捉えられてしまう可能性があります。そのため、I'm sorry. や I apologize. と言ったフレーズは、日本語の「すみません」「申し訳ない」という感覚とは異なるということをしっかり覚えておきましょう。

2 弁護をする際は「少し強気」でも OK

　英語で弁護をする際は、少し強気なぐらいがちょうどいいかもしれません。日本人の多くは（自分の英語力の自信のなさもあってか）申し訳なさそうに・自信がなさそうに弁護をする印象がありますが、それでは相手は納得しません。たとえ自分が間違っていたとしても「自分の意見に自信を持ち堂々とはっきりと話す」というのを心がけていきましょう。

3 相手の意見に反対する際は、言い方にも注意

　相手の意見を否定する形で自己弁護をする場合は、言い方にも気を付ける必要があります。特に You're wrong.（あなたは間違っている）You're not right.（あなたは正しくない）といった直接的な表現は危険です。相手が人格否定をされたと勘違いする可能性もありますので「主語を You ではなく、I や That などにする」「形式主語の it を使う」などで、少し間接的に表現しましょう。

よく使われるフレーズ

	フレーズ	意味
1	in my defense	自己弁護をすると / 言わせてもらうと
2	Don't get me wrong.	勘違いしないで
3	That's why (〜).	それが理由 (で〜)
4	I'm not saying 〜	私は〜とは言っていない
5	That's not what [1]I mean.	そういう意味ではない

■ 1. I mean の代わりに I'm trying to tell you など別のフレーズも入れることができる。

（例）

In my defense, she started it.
（自己弁護すると、彼女が始めたんだよ）

Don't get me wrong. I'm not saying we have to leave now.
（勘違いしないで。私たちは今出発しないといけないとは言っていないよ）

He wasn't here. That's why I didn't know his address.
（彼はここにいなかったんだよ。それが理由で彼の住所がわからなかったんだ）

練習1 次の **会話** を英語にしていきましょう。

① あなたが何で今週末コンサートに行きたくないのか理解できないよ。

そうは言っていないよ。宿題をする必要があると言っているんだよ。

② あなたが他の人たちの前で彼女を批判したのが信じられないよ。

あれは間違いだったけど、言わせてもらえば、彼女は絶対に私の言うことを聞かないんだよ。

③ あのスパゲッティの何がいけないの？　まずいとか？

勘違いしないで。食べたいんだけど、お腹がいっぱいで。

④ あなたは私が原因であなたの仕事を辞めたという意味？

そういう意味じゃないよ。私はあなたと話した後で仕事を辞めると決めたという意味だよ。

⑤ なぜ昨日の会議は時間の無駄だったとあなたは思うの？

時間の無駄とは言っていないよ。退屈だったと言っているんだよ。

⑥ あなたの発表は悪くなかったけど、もっとよくできたと思うよ。

それは認めるけど、自己弁護をすると、私は準備するのに 3 日間しかなかったんだよ。

⑦ 私のパソコンで何をしているの？

あなたが思っていることとは違うよ。ただ直そうとしているだけ。

⑧ あなたは、これを時間内に終わらせられないと言っているの？

勘違いしないで。難しいだろうと言ったんだよ、不可能じゃなくて。

⑨ もし私のデザインが気に入らないのなら、使わないで。

落ち着いて。そういう意味じゃないから。

⑩ 私のライティングは酷いとあなたが思っているのが信じられない。

勘違いしているよ。私はそうは言っていないよ。

I don't understand why you don't want to go to the concert this weekend.

I'm not saying that. I'm saying I need to do my homework.

I can't believe you criticized her in front of other people.

That was a mistake, but in my defense, she never listens to me.

What is wrong with that spaghetti? Does it taste bad?

Don't get me wrong. I want to eat it, but I'm full.

Do you mean you quit your job because of me?

That's not what I mean. I mean I decided to quit my job after I talked with you.

Why do you think yesterday's meeting was a waste of time?

I'm not saying it was a waste of time. I'm saying it was boring.

Your presentation wasn't bad, but I think you could've done better.

I admit that, but in my defense, I only had three days to prepare for it.

What are you doing with my computer?

It's not what you think. I'm just trying to fix it.

Are you saying you can't finish this in time?

Don't get me wrong. I said it would be difficult, not impossible.

If you don't like my design, don't use it.

Calm down. That's not what I meant.

I can't believe you think my writing is terrible.

You've got me wrong. I'm not saying that.

練習2 次の **会話** を英語にしていきましょう。

① あなたのアイディアはいいのですが、我々は決断をする準備ができているとは、まだ思えません。

なぜあなたが反対なのか私には理解できません。

そういう意味ではないです。私たちの計画を確定する前に私たちは他の意見を聞くべきだという意味です。

いいでしょう。それを、私たちはどうやってするのですか？

② あなたが私たち抜きでカリフォルニアに行くのが信じられないよ。

勘違いしないで。出張だから。仕事のためにそこに行くんだよ。

それでも嫉妬しちゃうな。なぜなら、美しい天気を楽しめるだろうから。

まあね。あなたたちを連れていけたらいいのにね。

③ あなたの宿題はどこですか？　見たいです。

ごめんなさい。するのを忘れました。明日出してもいいですか？

残念ながらダメですね、特別な理由がない限り。

自己弁護をすると、私の弟の面倒を見ないといけませんでした。なぜなら、彼は病気で両親が家にいなかったからです。

TRACK 056

I like your idea, but I don't think we're ready to make a decision yet.

I don't understand why you are against it.

That's not what I mean. I mean we should listen to other opinions before we finalize our plan.

Fine. How will we do that?

I can't believe you're going to California without us.

Don't get me wrong. It's a business trip. I'm going there for work.

I'm still jealous because you'll be able to enjoy the beautiful weather.

I guess (Maybe). I wish I could take you.

Where is your homework? I want to see it.

I'm sorry. I forgot to do it. Can I turn it in tomorrow?

I'm afraid not unless you have a special reason.

In my defense, I had to take care of (look after) my younger brother because he was sick and my parents weren't home.

④ 何であなたが彼を我々のチームに連れてきたのか理解できないよ。

どういう意味？

彼はロボットみたいだよ。彼は何もしないよ、誰かが彼に言わないと。

しかし、彼は私が言うことを何でもするよ。それがまさに私が彼を選んだ理由だよ。

⑤ あれらの靴の何が問題なの？

私は好きじゃないとは言っていないんだよ。買いたいんだけど、高すぎるんだよ。

あなたの予算は？

1万円ぐらい。あれらの靴は2万円だからね。

⑥ なぜあなたはいつも私をモンスターのように扱うの？

あなたをモンスターのように扱ったことなんてないよ。何を言っているの？

それじゃあ、何で私を無視したの？

あなたと話すのは、私にはただ難しすぎるんだよ、あなたが感情的になりすぎている時は。

I don't understand why you brought him onto our team.

What do you mean?

He's like a robot. He doesn't do anything unless someone tells him to.

But he'll do anything I tell him to do. That's exactly why I chose him.

What's wrong with those shoes?

I'm not saying I don't like them. I want to buy them, but they're too expensive.

What's your budget?

About 10,000 yen. Those shoes are 20,000 yen.

Why do you always treat me like a monster?

I've never treated you like a monster. What are you talking about?

Then why did you ignore me?

It's just too difficult for me to talk with you when you're too emotional.

練習3 次の **コメント** を英語にしていきましょう。

① おはよう、タイラー。あなたに、あることを伝えたくて。

私は、ずいぶん前にあなたのお兄さんから DVD を借りたんだけど、まだ持っているんだ。

自己弁護をすると、私は彼に返す機会がなかったんだよ。

彼のメールアドレスや電話番号すら知らないし、あなたにもめったに会わないから。

② 私は都会に住むより田舎に住む方を好むかな。

それは、空気がたいていきれいで、新鮮な食べ物を食べられるから。

だけど、勘違いしないでね。私は、田舎に住む方が都会に住むより良いと言っているわけではないから。

良い悪いではないんだ。ただ、個人の好みだよ。

③ このゲームは極めて単純です。プレーするのに１つのボタンしか使わないのです。

簡単すぎるように聞こえますが、まさにそれが理由でこのゲームは人気になると思います。

スマホの普及により、人々は至るところで（彼らの）スマホでゲームをしています。

多くの親は彼らの子どもたちのためにスマホを買いますので、この市場は拡大するでしょう。

(😊)⑴ TRACK 057

Good morning, Tyler. I want to tell you something.

I borrowed a DVD from your older brother a long time ago, and I still have it.

In my defense, I didn't have a chance to return it to him.

I don't even know his email address or phone number, and I rarely see you.

I prefer living in the countryside to living in the city.

It's because the air is usually clean, and I can eat fresh food.

But don't get me wrong. I'm not saying living in the countryside is better than living in the city.

It's not good or bad. It's just personal preference.

This game is extremely simple. You only use one button to play it.

It sounds too easy, but that's exactly why I think this game will be popular.

Because of the spread of smartphones, people are playing games everywhere on their smartphones.

Many parents buy smartphones for their children, so I think this market will expand.

④ 私は私の生徒たちにたくさんの質問をしますが、たいてい彼らに答えは伝えません。

なぜだか知りたいですか？

それは、答えを見つけられることの方が答えを知ることよりも重要で、私はそれを彼らに学んでもらいたいからです。

間違えることは重要なのです。なぜなら、彼らは彼らの間違いからたくさんのことを学べるからです。

⑤ 確かに私は、あなたのエッセイにもっと例を足した方が良いと、言いました。

しかし、それはあなたのエッセイが未完成という意味ではありませんでした。

あなたのエッセイは良いですが、私が言おうとしていたのは、例をもっと足すことでもっと良くすることができるということでした。

ついでながら、もし私が今あなたのエッセイを採点するのであれば、私はBをあなたにあげるでしょう。

⑥ 勘違いしないで。あなたはお金で何でも買えるとは、私は言っていないよ。

確かに、お金は我々の問題の多くを解決できるよ。

もし私たちはお金をたくさん持っていたら、私たちの人生は、よりストレスがかからないものになるだろうね。

だけど、友情や信頼のようなものは買うことができない。それが理由で、お金が世界で一番大事なものだとは私は思わないんだよ。

I ask my students many questions, but I don't usually tell them the answers.

Do you want to know why?

It's because being able to find the answers is more important than knowing the answers, and that's what I want them to learn. Making mistakes is important because they'll learn many things from their mistakes.
It's true *that I said it would be better to add more examples in your essay.

But that didn't mean your essay was incomplete.

Your essay is good, but what I was trying to say was that you could make it better by adding more examples.

By the way, if I graded your essay now, I would give you a B.

Don't get me wrong. I'm not saying you can buy anything with money.

It's true that money can solve many of our problems.

If we have a lot of money, our lives will be less stressful.

But we can't buy things like friendship or trust. That's why I don't think money is the most important thing in the world.

Scene 20 冗談

　軽い冗談を言えたり、面白い話ができたりする人は、一緒にいて明るい気持ちにさせてくれるため、好印象を持たれる傾向があります。またアメリカでは日頃からジョークを言い合う文化もあります。しかし、だからと言って「みなさんも英語で面白い話をしましょう」と言うのは、かなり無茶な話。そのため、ここでは英語での冗談の作り方について例を交えながら簡単に説明していきます。

1 大げさに表現する

　英語では、何かを説明する際に、大げさに言ったり、ありえないことを言ったりすることで笑いを生むことがあります。例えば以下のような言い方があります。

1.「働きすぎ」と言う場合

Japanese people work 27 hours a day.

（日本人は1日に27時間働きます）

2.「ものすごく怒るだろう」と言う場合

My mom will kill me if I forget to do it.

（私の母親は私を殺すでしょう、もし私がそれをするのを忘れたら）

2 会話を「何か別のもの（話題のニュースなど）」に繋げる

　話が上手い人は、今の話題を何か別のもの（例：話題のニュース、共通の知人、著名人、少し前に話した内容、など）に繋げるのが上手な印象があります。簡単なやり方は、連想ゲームのように「（今話している）○○と言えば……」ということを次から次へと考えていき、繋がるものを見つけていくというものです。

（例）本田さんとの会話

本田：I failed my driving test again. （また運転免許の試験に落ちたよ）

　私：What was your last name again? I thought you were good at driving. （あなたの名字なんだったっけ？　運転が得意かと思ったよ）

3　悪い・汚い言葉はなるべく使わない

　英語には「基本的に言ったらいけない言葉」というものが、たくさんあります。代表的なのが、fuck/shit/bitch といったものです。これらの単語は、ネイティブの間ではよく使われますが言うタイミングを間違えると大問題にもなりかねません。また、正しいタイミングであっても非ネイティブが使うと違和感があるというのは、よくあります（これは日本語でも同じだと思います。例えば、日本語が片言の外国人が「オマエ、アホカ？」とか言ったら。正しい使い方であっても違和感があるといったイメージです）。そのため、非ネイティブである私たちはなるべく使わない方がいいでしょう。（ちなみに、Oh my God. も、あまり言うべきではありません。「神様の名前をやたら言うものではない」という文化があるため、Oh my gosh. / Oh my goodness. と言いましょう）。

4　（アメリカ）人種の偏見による自虐的ジョーク

　アメリカでよく見るのが、人種の偏見を含めたジョークを自虐的に言うことです。例えば、日本人の場合「数学が得意」「車会社が強い」「礼儀正しい」「やたらお辞儀をする・謝る」「恥ずかしがり屋（意見を言わない）」「他のアジア系（特に中国・台湾・韓国）の人と見分けがつかない」といったものがあります。

練習1 次の **会話** を英語にしていきましょう。

① 私はマクドナルドが大好き。世界で最高のレストランの１つだよ。

もし毎日ハンバーガーを食べることが気にならないのなら、あなたはアメリカに住めるでしょう。

② 私が数学のテストであなたに勝ったのが信じられないよ。

ただ私が日本人だからということで、私は数学が得意という意味にはならないからね。

③ 私は餓死しそう。昨日の夜から何も食べていないんだ。

何でコンビニに行って、何か買ってこないの？

④ 人々は、私は頭がおかしいと言うけど、私はそれを賛辞として受け取っています。

だから人々は、あなたは頭がおかしいと言うのです。

⑤ 先月 250 時間より多く働いたんだけど、過少に報告しないといけなかったんだ。

あなたの国では奴隷制が合法だとは知らなかったよ。

⑥ 私の首が痛いです。死にそうです（それは私を殺しています）。

あなたがスマホをいつも使うのをやめる時なんだと思うよ。

⑦ 日本人は、さようならを言う時に何度もお辞儀をします。

結婚式やお葬式の時はさらに長くなります。永遠にかかるでしょう。

⑧ スティーブは、才能のあるコンピュータープログラマーです。

彼の苗字は何？　ジョブズ？

⑨ 私は毎朝４時半に起きなくてはいけなかったんだ。悪夢だったよ。

それをするのは、私には不可能でしょうね。

⑩ お寿司が好きじゃないの？あなたは日本人だと思っていたのに。

一部のアメリカ人はハンバーガーが好きではないよ。同じことだよ。

I love McDonald's. It's one of the best restaurants in the world.

If you don't mind eating hamburgers every day, you'll be able to live in America.

I can't believe I beat you in the math test.

Just because I'm Japanese doesn't mean I'm good at math.

I'm starving. I haven't eaten anything since last night.

Why don't you go to a convenience store and buy something?

People call me crazy, but I take that as a compliment.

That's why they call you crazy.

I worked more than 250 hours last month, but I had to underreport my hours.

I didn't know slavery was legal in your country.

My neck hurts. It's killing me.

I think it's time for you to stop using your smartphone all the time.

Japanese people bow many times when they say goodbye.

It gets longer in weddings and funerals. It'll take forever.

Steve is a talented computer programmer.

What's his last name? Jobs?

I had to get up at 4:30 every morning. It was a nightmare.

It would be impossible for me to do it.

Don't you like sushi? I thought you were Japanese.

Some American people don't like hamburgers. That's the same thing.

練習2 次の **会話** を英語にしていきましょう。

① 私はプレゼンテーションを今日する必要があって。とても緊張しているんだ。

あなたは先生になりたいと思っていたよ。

どういう意味？

もし先生になったら、毎日プレゼンテーションをするんだよ。それは、あなたは毎日緊張するという意味だよ。

② 日本のビジネスマンが電話をしている時にお辞儀をしているのを見たよ。

この国では至る所で見るよ。お辞儀をするのが彼らの癖になるんだと思うよ、だって何回もするから。

日本でのお辞儀には、違う段階があるのを知っている？

それは、知らなかったよ。どう違うの？

③ 私たちは、この冊子を出来る限り早く日本語に翻訳する必要があります。

冗談ですよね？　何ページあるか知っていますか？

理解しています。しかし、社長からの命令なのです。

永遠にかかるでしょうが、まあ私たちには選択肢がないのでしょうね。

I need to give a presentation today. I'm very nervous.

I thought you wanted to be a teacher.

What do you mean?

If you become a teacher, you'll give a presentation every day. That means you'll be nervous every day.

I saw a Japanese businessman bowing when he was talking on the phone.

I see it everywhere in this country. I think bowing becomes their habit because they do it so many times.

Do you know there are different levels of bowing in Japan?

I didn't know that. How are they different?

We need to translate this booklet into Japanese as soon as possible.

Are you kidding? Do you know how many pages it has?

I understand, but it's an order from the president.

It'll take forever, but I guess we don't have a choice.

④ 僕のバスケの練習はとてもハードだったよ。拷問だったね。

どれくらい長く練習したの？

約8時間。練習の直後は歩けなかったよ。脚が死んでいたよ。

明日は学校に行く必要があるんだから、よく休んでね。

⑤ マサトがあんなにも上手に野球ができるなんて知らなかったよ。

実は、彼は日本で最高の選手の1人なんだよ。日本代表のメンバーだから。

本当？　彼は、次のイチローになるだろうね。

僕たちは、彼のサインを貰っておくべきだね、彼が有名になりすぎる前に。

⑥ このマンガ本を読んだことはある？

いいや。私はマンガ本を読まないんだよ。退屈だから。

あなたは日本人だと思っていたのに。

あなたが日本人はみなマンガ本を読むと思っているのが、私は信じられないよ。

My basketball practice was very hard. It was torture.

How long did you practice?

About 8 hours. I couldn't walk right after the practice. My legs were dead.

You need to go to school tomorrow, so get a good rest.

I didn't know Masato could play baseball that well.

Actually, he's one of the best players in Japan. He is a member of the national team.

Really? He'll be the next Ichiro.

We should get his autograph before he becomes too famous.

Have you ever read this comic book?

No. I don't read comic books because they're boring.

I thought you were Japanese.

I can't believe you think all Japanese people read comic books.

練習3 次の **コメント** を英語にしていきましょう。

① 一部の日本人の女の子は、同じような格好をするのを好み、私には時々彼女たちが同じに見えます。

冬の間は、さらに見分けるのが難しくなります。なぜなら、彼女たちは時々マスクをつけるからです。

私の友人の1人によると、一部の女の子は化粧をしていない時にも、マスクをつけるみたいです。

何で他の国々では、マスクをつけるのがそんなに一般的ではないのでしょう。

② 私の苗字はトヨタなので、私はあの有名な自動車会社と関係があるのかと何回も聞かれたことがあります。

答えはノーです。さらに言うと、私は車には全く興味がありません。

父はホンダ車を運転し、母親は車の免許すら持っていません。

皮肉ですが、本当のことです。

③ 僕には兄がいて、彼は私よりも10歳年上です。

僕の両親はとても忙しいので、彼がいつも僕の世話をしてくれます。

彼は勉強するための時間がそんなにないのですが、彼は彼の学校で一番賢い生徒のうちの1人です。

彼はスーパーマンです。僕は彼のようになりたいです。

 TRACK 060

Some Japanese girls like to dress alike, and they sometimes look identical to me.

It gets more difficult to distinguish them during (the) winter because they sometimes wear surgical masks.

According to one of my friends, some girls also wear surgical masks when they're not wearing makeup.

I wonder why it's not that common to wear surgical masks in other countries.

My last name is Toyota, so I've been asked many times if I'm related to the famous car company.

The answer is no. Furthermore, I have no interest in cars.

My father drives a Honda, and my mother doesn't even have a driver's license.

It's ironic, but it's true.

I have an older brother, and he is 10 years older than I am (me).

My parents are very busy, so he always takes care of (looks after) me.

He doesn't have much time to study, but he's one of the smartest students in his school.

He is a superman. I want to be like him.

④ 201 室は暗いため、あまりたくさんの人はあの部屋を使いたがらないです。

しかし、私は重要なプレゼンテーションをする時は、いつもあの部屋を使います。

なぜだかわかりますか？　それは、私のお客さんの顔が見えないからです。

私は緊張しないから、素晴らしいです。

⑤ 仕事から戻ると、私はたいてい息子たちと遊びます。

長男は 6 歳で、次男は 3 歳です。

彼らは全てを破壊し、理由もなく叫びます。小さなゴジラが 2 頭家の中にいるみたいです。

妻は悪夢だと言いますが、私には楽しめるものです。

⑥ 私は、昨日喫茶店で勉強していて、2 人の女性が私の横に座っていました。

彼女たちは、どのように良い関係を彼女たちの同僚たちと築くかについて話していました。

1 人の女性は、良い聞き手でいることがどれだけ重要かを説明していたのですが、彼女は永遠と話していました。

私は笑ってしまいそうでした。もう 1 人の女性は何を考えていたのでしょう、彼女が話を聞いている間。

＊ "I think 〜" は「〜という考えである（意見である）」という意味の「思っている・考えている」。"I'm thinking 〜 ." は「〜と現在頭の中で考えている」という意味の「思っている・考えている」。

Room 201 is dark, so not that many people want to use it.

But when I give an important presentation, I always use that room.

Do you know why? It's because I can't see the faces of my audience.

I don't get nervous, so it's great.

When I come back from work, I usually play with my sons.

My older son is 6 years old, and my younger son is 3 years old.

They destroy everything and scream for no reason. It's like having two little Godzillas in the house.

My wife says it's a nightmare, but it's enjoyable to me.

I was studying at a coffeeshop yesterday, and two ladies were sitting next to me.
They were talking about how to build good relationships with their colleagues.
One lady was explaining how important it was to be a good listener, but she was talking forever.
I almost laughed. I wonder what the other lady was *thinking while she was listening.

著者紹介

藤井 拓哉（ふじい・たくや）

1984 年生まれ。父親の仕事の都合で 3 〜 6 歳までと、15 〜 24 歳までをアメリカのオハイオ州で過ごす。オハイオ州立大学、同大学院で教育学を学び、日本語の教員免許とTESOL（英語を母国語としない方のための英語教授法）を取得。帰国後は、宇都宮大学で英語講師を務め、数学、化学、生物学、物理学を英語で学ぶ「理数系英語」の講義を定期的に行い、2010 年と 2013 年にベストレクチャー賞を受賞。現在は、筑波大学、筑波技術大学で英語講師を務める。
「日本における英語教育格差是正」を目標に「全て無料・登録不要」で学べる「基礎文法学習」「英検対策」「TOEIC 対策」など多数の英語教材をホームページ上にて作成、公開中。
著書に『たくや式中学英語ノート』シリーズ全 10 巻、『たくや式どんどん読める中学英語』シリーズ（ともに朝日学生新聞社）、『MP3CD 付き ガチトレ 英語スピーキング徹底トレーニング』シリーズ（ベレ出版）。TOEIC 955 点、TOEFL 101 点。
ホームページ：https://withyoufujii.com/
Twitter : @gachitore1

- ── カバーデザイン　　田栗 克己
- ── DTP　　　　　　　スタジオ・ポストエイジ
- ── 本文イラスト　　　いげた めぐみ
- ── 音声ナレーション　Howard Colefeild ／ Karen Haedrich ／遠近 孝一

［音声DL付］Why not? ガチトレ
会話がはずむ英語スピーキングトレーニング

2020 年 9 月 25 日　　初版発行

著者	**藤井 拓哉**
発行者	**内田 真介**
発行・発売	**ベレ出版** 〒162-0832　東京都新宿区岩戸町12 レベッカビル TEL.03-5225-4790 FAX.03-5225-4795 ホームページ　http://www.beret.co.jp/
印刷	モリモト印刷株式会社
製本	根本製本株式会社

ISBN 978-4-86064-631-8 C2082　　　　　　　　　　　　　編集担当　綿引ゆか

MP3 CD付き ガチトレ
英語スピーキング徹底トレーニング

藤井拓哉 著

A5 並製／本体価格 3300 円（税別）■ 768 頁
ISBN978-4-86064-350-8 C2082

英語の知識とテクニックと発音を身につけながら、大量のトレーニングを行なう、絶対に
英語が話せるようになる本気の一冊。《いざというときにまったく英語が出てこない》とい
う状態から抜け出すためには、すばやく日本語を英語へ変換する練習が大切。単語レベ
ルから徐々に文章レベルにあげていくトレーニングを繰り返し行なうことで、必ず英語が
スラスラと出てくるようになります。1100 分のトレーニング音源付き。

[音声 DL 付] 超ガチトレ
英語スピーキング上達トレーニング

藤井拓哉 著

A5 並製／定本体価格 3500 円（税別）■ 712 頁
ISBN978-4-86064-532-8 C2082

多くの日本人が苦手とする英語スピーキング。著者が大きな原因だと考えるのは「極端に練習量が少な
い」から。それを解消するために、既刊『ガチトレ 英語スピーキング徹底トレーニング』では膨大な基
礎練習を行ないました。本書は次なるステップ、ネイティブがちょっと驚くぐらいの英語が話せるように
なるための徹底的なトレーニングを行ないます。文法、単語、フレーズの知識を増やしながら、瞬時に
文を組み立てる瞬発力を養い、ネイティブ的な言い回しができる力をつけていきます。